LİMON SEVERLERİN MUTFAK YARDIMCISI

Mutfak Repertuarınızı Aydınlatacak 100 Taze ve Lezzetli Tarif

Melisa Utku

Telif Hakkı Malzemesi ©2024

Her hakkı saklıdır

Bu kitabın hiçbir bölümü, incelemede kullanılan kısa alıntılar dışında, yayıncının ve telif hakkı sahibinin uygun yazılı izni olmadan, hiçbir şekilde veya yöntemle kullanılamaz veya aktarılamaz. Bu kitap tıbbi, hukuki veya diğer profesyonel tavsiyelerin yerine geçmemelidir.

İÇİNDEKİLER

İÇİNDEKİLER...3
GİRİİŞ...7
KAHVALTI...8
1. Fıstıklı Limonlu Donut..9
2. Limonlu Hindistan Cevizli Muffin........................12
3. Yaban mersinli-limonlu çörekler...........................14
4. Macadamia Limon Bardakları................................17
5. Limonlu Kekik İngiliz Muffin................................19
6. Yaban mersinli limonlu cheesecake yulaf............22
7. Yaban mersini ve limon kabuğu rendesi waffle...24
8. Yaban Mersinli Limonlu Kruvasan........................27
9. Limonlu nane çayı...29
10. Limonlu Peynirli Çörekler....................................31
11. Limonlu Kekler...34
MEZELER VE ATIŞTIRMALIKLAR......................37
12. Limonlu Churros..38
13. Limonlu Jalapeño Pretzel Isırıkları.....................40
14. limon çubuğu..43
15. Limonlu Kraker...46
16. Limon Biber Pide Cips..48
17. Limonlu Lor Kurabiyesi..50
18. Limon Verbena Madeleines..................................53
19. Limonlu Brownie..56
20. Mini Limon Barları..58
21. Limonata Yermantarları..60
TATLI..63
22. Limonlu Ayna Sırlı Makaronlar...........................64
23. Fıstıklı Limonlu Ekler...69
24. Goji, Fıstıklı ve Limonlu Tart..............................75
25. Limonlu kremalı-fıstıklı turta..............................78
26. Limonlu çilekli mousse kek..................................81
27. Limonlu kiraz fındık köpüğü...............................85

28. Ravent Soslu Limonlu Buz Torte..................................88
29. Limon-Ravent Bulut Pudingi......................................92
30. Ravent limonlu tofu pastası.....................................95
31. Limon şerbeti..97
32. Mini Limonlu Tartlets..99
33. Limonlu Beze Pasta Parfeleri..................................102
34. Limonlu ve Lavantalı Turta....................................104
35. Limon Zabaglione..107
36. Meyer Limonlu Ters Kek..109
37. Limonlu Saksılar de Creme.....................................113
38. Limonlu Fransız Makaronları...................................116
39. Limonlu Brûlée Tart...120
40. Şekerleme ile Limonlu Buz Brûlée..............................123
41. Limonlu Lor Gelato..126
42. Petek Limonlu Kek...128
43. Limonlu lor köpüğü..131
44. Limon Semifreddo..133
45. Limonlu Dondurma Sandviçleri..................................135
SIR VE DONDURMA...138
46. Limon Sır...139
47. Ahududu Limonata Sır..141
48. Limonlu Tereyağlı Krema.......................................143
49. Limonlu Haşhaş Tohumu Sırlaması...............................145
LİMONATALAR...147
50. Klasik Taze Sıkılmış Limonata.................................148
51. Pembe Greyfurt Limonatası.....................................150
52. Ahududu Limonata Mimozalar....................................152
53. Çilekli Limonata Spritzer.....................................154
54. Ejder Meyveli Limonata..156
55. Kivi Limonatası...158
56. Ahududu Kefir Limonatası......................................160
57. Ahududu ve Rezene Limonatası..................................162
58. Erikli Limonata...164
59. Narlı Limonata..167
60. Vişneli Limonata..169

61. Yaban Mersinli Limonata..171
62. Dikenli Armut Suyu Köpüklü Limonata......................173
63. Siyah Üzüm Limonatası...175
64. Lychee Limonata..177
65. Elma ve Kale Limonata e..179
66. Ravent limonatası...181
67. Turp Limonatası..183
68. Salatalıklı Limonata Lokumu......................................185
69. Naneli Kale Limonatası..187
70. Pancar Limonatası...189
71. Kelebek Bezelye Limonatası..192
72. Lavanta Limonatası...194
73. Gülsuyu Limonatası...196
74. Lavanta ve Hindistan Cevizli Limonata....................198
75. Taze Leylak Limonata e...201
76. Hibiskus Limonatası..203
77. Fesleğenli Limonata...206
78. Kişnişli limonata..208
79. Hodan Demlenmiş Limonata.....................................210
80. Limon Mine Çiçeği Limonatası...................................212
81. Biberiyeli Limonata...214
82. Limonlu Limonata...216
83. Hibiscus Fesleğenli Limonata.....................................218
84. Deniz Yosunu Limonatası...220
85. Spirulina L emonası..222
86. Deniz Yosunu Eklenmiş Limonata.............................224
87. Klorellalı Limonata..226
88. Matcha Yeşil Çay Limonatası.....................................228
89. Buzlu Kahveli Limonata..230
90. Earl Grey Limonata...233
91. Şeftali Siyah Çaylı Limonata......................................235
92. Chai Ahududu Limonatası...237
93. Limonata Kombucha..239
94. Baharatlı Elmalı Limonata...241
95. Zerdeçallı Limonata..243

96. Masala Limonatası..245
97. Chai Baharatlı Limonata...247
98. Acı Soslu Limonata..249
99. Hint Baharatlı Limonata...251
100. Lavanta Limon Damlası..254
ÇÖZÜM..256

GİRİIŞ

Limonların dünyasına ve limonların mutfak sanatları üzerindeki dikkat çekici etkisine keyifli bir yolculuk olan "Limon Aşıklarının Mutfak Arkadaşı"na hoş geldiniz. Limonlar, parlak ve canlandırıcı lezzetleriyle dünya çapında şeflerin ve ev aşçılarının gönlünde özel bir yer edinmiştir. Bu yemek kitabında sizi 100 taze ve lezzetli tariften oluşan bir koleksiyon aracılığıyla limonun çok yönlülüğünü ve canlılığını keşfetmeye davet ediyoruz.

Limon dolu manzaradaki yolculuğumuz sizi bu narenciye süperstarının büyüsüyle tanıştıracak. İster deneyimli bir şef olun ister mutfakta acemi olun, bu kitap limonun keskin, narenciye aromasını mutfak yaratımlarınıza dahil etme rehberinizdir. Mezelerden tatlılara, tuzlulardan tatlıya kadar limonun yemeklerinizi güzelleştirmek ve güzelleştirmek için sunduğu sonsuz olanakları keşfedeceksiniz.

Narenciye ağırlıklı bu maceraya atılırken, limonla yemek pişirmenin sırlarını açığa çıkarmaya hazırlanın ve limonun güneşli yapısının yemeklerinizi dönüştürmesine izin verin. Öyleyse önlüğünüzü kapın, bıçaklarınızı bileyin ve "Limon Aşıkların Mutfak Arkadaşı" ile mutfak repertuarınızı renklendirmek için bize katılın.

KAHVALTI

1. Fıstıklı Limonlu Donut

İÇİNDEKİLER:
ÇÖREKLER İÇİN:
- Yapışmaz pişirme spreyi
- ½ su bardağı toz şeker
- 1 limonun rendelenmiş kabuğu ve suyu
- 1 ½ su bardağı çok amaçlı un
- ¾ çay kaşığı kabartma tozu
- ¼ çay kaşığı karbonat
- ¼ çay kaşığı tuz
- ⅓ bardak ayran
- ⅓ bardak tam yağlı süt
- 6 TB. tuzsuz tereyağı, oda sıcaklığında
- 1 yumurta
- 2 çay kaşığı vanilya özü

GLAZÜR İÇİN
- ½ bardak sade Yunan yoğurdu
- 1 limonun rendelenmiş kabuğu
- ¼ çay kaşığı tuz
- 1 su bardağı şekerleme şekeri
- ½ su bardağı kavrulmuş antep fıstığı, doğranmış

TALİMATLAR :
a) Donutları hazırlamak için fırını önceden 375°F'ye ısıtın.
b) Donut tepsisinin deliklerini yapışmaz pişirme spreyi ile kaplayın.
c) Küçük bir kapta toz şeker ve limon kabuğu rendesini birleştirin. Parmak uçlarınızı kullanarak kabuğunu şekere sürün. Başka bir kapta un, kabartma tozu, kabartma tozu ve tuzu birlikte çırpın. Bir ölçüm kabında ayran, tam yağlı süt ve limon suyunu karıştırın.

d) Kürek aparatı takılı bir stand mikserin kasesinde, şeker karışımını ve tereyağını orta hızda hafif ve kabarık olana kadar yaklaşık 2 dakika çırpın. Kasenin kenarlarını kazıyın. Yumurtayı ve vanilyayı ekleyin ve yaklaşık 1 dakika karışıncaya kadar orta hızda çırpın.

e) Düşük hızda un karışımını, süt karışımıyla dönüşümlü olarak unla başlayıp biten şekilde 3 seferde ekleyin. Her eklemeyi yeni karışana kadar çırpın.

f) 2 yemek kaşığı döküm. hazırlanan her bir kuyuya meyilli. Pişirme işleminin yarısına kadar tavayı 180 derece döndürerek, çöreklerin içine batırılan kürdan temiz çıkana kadar, yaklaşık 10 dakika pişirin. Tavayı 5 dakika boyunca soğutma rafında soğumaya bırakın, ardından çörekleri rafa ters çevirin ve tamamen soğumaya bırakın. Bu arada tavayı yıkayıp kurulayın ve kalan hamuru da aynı şekilde pişirin.

g) Sır hazırlamak için bir kasede yoğurt, limon kabuğu rendesi ve tuzu karıştırın.

h) Şekerlemelerin şekerini ekleyin ve pürüzsüz ve iyice karışana kadar karıştırın.

i) Donutları üst kısmı alta gelecek şekilde sosa batırın, üzerine antep fıstığı serpin ve servis yapın.

2.Limonlu Hindistan Cevizli Muffin

İÇİNDEKİLER:

- 1 ¼ su bardağı badem unu
- 1 su bardağı rendelenmiş şekersiz hindistan cevizi
- 2 yemek kaşığı hindistan cevizi unu
- ½ çay kaşığı karbonat
- ½ çay kaşığı kabartma tozu
- ¼ çay kaşığı tuz
- ¼ bardak bal
- 1 limonun suyu ve kabuğu rendesi
- ¼ bardak tam yağlı hindistan cevizi sütü
- 3 yumurta, çırpılmış
- 3 yemek kaşığı hindistancevizi yağı
- 1 çay kaşığı vanilya özü

TALİMATLAR:

a) Fırınınızın ısısını 350 f'ye getirin. Küçük bir kapta tüm ıslak malzemeleri karıştırın.

b) Orta boy bir kapta tüm kuru malzemeleri birleştirin.

c) Şimdi ıslak malzemeleri kuru malzemeler kasesine dökün ve hamur haline gelene kadar karıştırın.

d) Hamurunuzu birkaç dakika bekletin, sonra tekrar karıştırın. Şimdi muffin kalıplarını yağlayın ve her birini yaklaşık üçte ikisini doldurun. Fırına verip yaklaşık 20 dakika kadar pişirin.

e) Ortasına bir kürdan sokarak muffinin pişip pişmediğini kontrol edin; kürdan temiz çıkarsa, hazırsınız demektir. Fırından çıkarın, serin bir dakika soğumaya bırakın ve servis yapın!

3. Yaban mersinli-limonlu çörekler

İÇİNDEKİLER:
- 2 fincan çok amaçlı un
- 1 yemek kaşığı kabartma tozu
- 2 çay kaşığı şeker
- 1 çay kaşığı koşer tuzu
- 2 ons rafine hindistan cevizi yağı
- 1 su bardağı taze yaban mersini
- $\frac{1}{4}$ ons limon kabuğu rendesi
- 8 ons hindistan cevizi sütü

TALİMATLAR:
a) Hindistan cevizi yağını bir mutfak robotunda tuz, şeker, kabartma tozu ve unla karıştırın.
b) Bu un karışımını bir karıştırma kabına aktarın.
c) Şimdi un karışımına hindistan cevizi sütü ve limon kabuğu rendesini ekleyin ve iyice karıştırın.
d) Yaban mersinlerini katlayın ve hazırlanan hamuru pürüzsüz hale gelinceye kadar iyice karıştırın.
e) Bu yaban mersinli hamurunu 7 inçlik bir yuvarlak halinde yayın ve bir tavaya yerleştirin.
f) Yaban mersinli hamurunu 15 dakika buzdolabında bekletin, ardından 6 parçaya bölün.
g) Sear Plate'i bir parşömen kağıdıyla katmanlayın.
h) Yaban mersini dilimlerini astarlı Kızartma Plakasına yerleştirin.
i) Çörekleri Hava Fritöz Fırınına aktarın ve kapıyı kapatın.
j) Kadranı çevirerek "Pişirme" modunu seçin.
k) TIME/SLICES düğmesine basın ve değeri 25 dakika olarak değiştirin.
l) TEMP/SHADE düğmesine basın ve değeri 400 °F olarak değiştirin.

m) Pişirmeye başlamak için Başlat/Durdur'a basın.
n) Taze servis yapın.

4. Macadamia Limon Bardakları

İÇİNDEKİLER:
- ½ Bardak Hindistan Cevizi Yağı
- ½ Bardak Macadamia Fındığı
- ½ Bardak Kakao Yağı
- ¼ Bardak Hindistan Cevizi Yağı
- ¼ Bardak Swerve, Toz
- 1 Yemek Kaşığı Limon Kabuğu, İnce Rendelenmiş
- 1 Çay Kaşığı Moringa Tozu

TALİMATLAR:

a) Limon kabuğu rendesi ve Moringa hariç tüm malzemelerinizi bir mutfak robotunda bir dakika kadar çekerek hepsini birleştirin.

b) Karışımı iki kaseye bölün. İkiye bölünmeden önce mümkün olduğu kadar eşit şekilde yarıya indirilmelidir.

c) Moringa tozu ayrı bir kaseye konulmalıdır. Belirli bir tabakta limon kabuğu rendesini ve diğer malzemeleri birleştirin.

d) 10 adet mini muffin kalıbını yarısına kadar Moringa karışımıyla doldurup, üzerine bir çorba kaşığı limonlu karışımınızdan ekleyerek doldurun. Bir kenara koyun. Servis yapmadan önce en az bir saat buzdolabında beklediğinizden emin olun.

5.Limonlu Kekik İngiliz Muffin

İÇİNDEKİLER:
- Tozunu almak için mısır unu
- 1 yemek kaşığı limon kabuğu rendesi
- 2 yemek kaşığı toz şeker
- 1 buçuk su bardağı beyaz tam buğday unu
- 1 ½ su bardağı çok amaçlı un
- 1 yemek kaşığı kıyılmış taze kekik
- 1 ½ çay kaşığı tuz
- ¼ çay kaşığı karbonat
- 1 yemek kaşığı aktif kuru maya
- 1 bardak şekersiz sade badem sütü (veya tercih edilen süt), 120 ila 130°F'ye ısıtılmış
- ⅓ bardak su, 120 ila 130°F'a kadar ısıtıldı
- 2 yemek kaşığı zeytinyağı

TALİMATLAR:
a) Bir karıştırma kabında limon kabuğu rendesini ve toz şekeri birleştirin. İyice birleşene kadar bunları karıştırın. Bu adım limonun aromasının şekere karışmasına yardımcı olur.

b) Ayrı bir büyük karıştırma kabında beyaz tam buğday ununu, çok amaçlı unu, kıyılmış taze kekiği, tuzu ve kabartma tozunu birlikte çırpın.

c) Aktif kuru mayayı ılık badem sütü ve su karışımının üzerine serpin. Köpük haline gelinceye kadar yaklaşık 5 dakika bekletin.

d) Maya karışımını un karışımının olduğu kaseye dökün ve limon şekeri karışımını ve zeytinyağını da ekleyin. Bir hamur oluşana kadar her şeyi karıştırın.

e) Hamuru unlu bir yüzeye alıp pürüzsüz ve elastik hale gelinceye kadar yaklaşık 5 dakika yoğurun.

f) Hamuru tekrar karıştırma kabına alın, üzerini temiz bir mutfak havlusuyla örtün ve ılık bir yerde yaklaşık 1 saat veya hacmi iki katına çıkana kadar mayalanmaya bırakın.

g) Hamur mayalandıktan sonra yuvarlayıp tekrar unlanmış tezgahta açın. Yaklaşık yarım santim kalınlığında açın.

h) İngiliz çöreği yuvarlaklarını kesmek için yuvarlak bir kesici veya bir bardağın kenarını kullanın. Yaklaşık 12 tur almalısınız.

i) Fırın tepsisini mısır unu ile tozlayın ve üzerine muffin yuvarlaklarını yerleştirin. Üstlerine ilave mısır unu serpin. Üzerlerini mutfak havlusu ile örtüp 20-30 dakika kadar dinlenmeye bırakın.

j) Bir ızgarayı veya büyük bir tavayı orta ateşte önceden ısıtın. Muffinlerin her iki tarafını da yaklaşık 5-7 dakika veya altın rengi kahverengi olana ve iyice pişene kadar pişirin.

k) Piştikten sonra muffinleri hafifçe soğumaya bırakın ve ardından çatalla açıp kızartın.

l) Ev yapımı limonlu kekikli İngiliz keklerinizi en sevdiğiniz soslar veya soslarla sıcak olarak servis edin. Eğlence!

6.Yaban mersinli limonlu cheesecake yulaf

İÇİNDEKİLER:
- ¼ bardak yağsız Yunan yoğurdu
- 2 yemek kaşığı yaban mersinli yoğurt
- ¼ bardak yaban mersini
- 1 çay kaşığı rendelenmiş limon kabuğu rendesi
- 1 çay kaşığı bal

TALİMATLAR:
a) Yulaf ve sütü 16 onsluk bir kavanozda birleştirin; üzerini istenilen malzemelerle doldurun.

b) Gece boyunca veya 3 güne kadar buzdolabında saklayın; soğuk servis yapın.

7. Yaban mersini ve limon kabuğu rendesi waffle

İÇİNDEKİLER:

- 2 fincan çok amaçlı un
- 2 yemek kaşığı toz şeker
- 1 yemek kaşığı kabartma tozu
- ½ çay kaşığı tuz
- 1 limon kabuğu rendesi ve
- 2 büyük yumurta
- 1¾ su bardağı süt
- ⅓ fincan tuzsuz tereyağı, eritilmiş
- 1 çay kaşığı vanilya özü
- 1 su bardağı taze yaban mersini

TALİMATLAR:

a) Waffle demirinizi üreticinin talimatlarına göre önceden ısıtın.

b) Büyük bir karıştırma kabında un, şeker, kabartma tozu, tuz ve limon kabuğu rendesini birlikte çırpın.

c) Ayrı bir kapta yumurtaları çırpın. Sütü, eritilmiş tereyağını ve vanilya özünü ekleyin. İyice birleşene kadar çırpın.

d) Islak malzemeleri kuru malzemelerin içine dökün ve birleşene kadar karıştırın. Fazla karıştırmayın; birkaç topak iyidir.

e) Taze yaban mersini yavaşça hamurun içine katlayın.

f) Waffle demirini pişirme spreyi ile hafifçe yağlayın veya eritilmiş tereyağıyla fırçalayın.

g) Waffle makinenizin boyutuna göre tavsiye edilen miktarı kullanarak hamuru önceden ısıtılmış waffle makinesine dökün.

h) Kapağı kapatın ve waffle'lar altın rengi kahverengi ve gevrek oluncaya kadar pişirin.

i) Waffle'ları dikkatlice ütüden çıkarın ve hafifçe soğuması için tel ızgaraya aktarın.

j) Tüm waffle'lar pişene kadar işlemi kalan hamurla tekrarlayın.

k) Yaban mersini ve limon kabuğu rendesi waffle'larını ilave taze yaban mersini, bir miktar pudra şekeri, bir çiseleyen akçaağaç şurubu veya bir parça çırpılmış krema ile sıcak olarak servis edin.

8.Yaban Mersinli Limonlu Kruvasan

İÇİNDEKİLER:

- Temel kruvasan hamuru
- ½ bardak yaban mersini
- 2 yemek kaşığı toz şeker
- 1 yemek kaşığı mısır nişastası
- 1 yemek kaşığı limon kabuğu rendesi
- 1 yemek kaşığı su ile çırpılmış 1 yumurta

TALİMATLAR:

a) Kruvasan hamurunu büyük bir dikdörtgen şeklinde açın.

b) Küçük bir kapta yaban mersini, şekeri, mısır nişastasını ve limon kabuğu rendesini karıştırın.

c) Yaban mersini karışımını hamurun yüzeyine eşit şekilde yayın.

d) Hamuru üçgenler halinde kesin.

e) Her üçgeni kruvasan şekline getirin.

f) Kruvasanları pişirme kağıdı serili bir fırın tepsisine yerleştirin, üzerine yumurta sarısı sürün ve 1 saat mayalanmaya bırakın.

g) Fırını önceden 200°C'ye (400°F) ısıtın ve kruvasanları altın kahverengi olana kadar 20-25 dakika pişirin.

9. Limonlu nane çayı

İÇİNDEKİLER:

- 1½ bardak kaynar su
- 3 çay kaşığı hazır çay
- 6 Dal nane
- 1 su bardağı kaynar su
- 1 su bardağı Şeker
- ½ bardak Limon suyu

TALİMATLAR:

a) 1-½ bardak kaynar su, hazır çay ve naneyi birleştirin.

b) 15 dakika boyunca kapalı, dik.

c) 1 su bardağı kaynar su, şeker ve limon suyunu birleştirin.

d) İkinci karışımı süzdükten sonra naneli karışımla karıştırın.

e) 4 su bardağı soğuk su ekleyin.

10. Limonlu Peynirli Çörekler

İÇİNDEKİLER:
HAMUR
- 1 bardak su
- ¼ bardak şeker
- 1 büyük yumurta, iyice dövülmüş
- 2 yemek kaşığı tereyağı
- ¾ çay kaşığı tuz
- 4 su bardağı ekmek unu
- 1 yemek kaşığı kuru süt
- 1½ çay kaşığı aktif kuru maya

DOLGU
- 1 bardak ricotta peyniri, bir kısmı yağsız süt
- ¼ bardak limon suyu (1 limondan)
- ¼ bardak şeker
- ¼ çay kaşığı limon kabuğu rendesi (1 limondan)

SÜSLEME
- ½ su bardağı şekerleme şekeri
- 1 çay kaşığı limon suyu
- Su (istenilen kıvamı elde etmek için gerektiği kadar)

TALİMATLAR:
HAMUR:
a) Hamur için gereken malzemeleri fırın tepsisine ölçün (maya hariç).

b) Malzemeleri eşitlemek için kaba hafifçe vurun, ardından mayayı unun ortasına serpin.

c) Fırın tepsisini güvenli bir şekilde ekmek makinesine yerleştirin ve kapağını kapatın.

d) HAMUR ayarını seçin ve Başlat'a basın.

e) Hamur bittiğinde makine bip sesi çıkaracak ve TAMAM ışığı yanacaktır.

f) Hamuru fırın tepsisinden çıkarın.

DOLGU:

g) Ayrı bir kapta, tüm dolgu malzemelerini birleştirin ve iyice karıştırarak karıştırın.

TOPLANTI:

h) Hamuru 12x15 inçlik bir kareye açın.
i) Doldurmayı hamurun üzerine eşit şekilde yayın.
j) Hamuru uzunlamasına yuvarlayın ve ruloyu 12 parçaya bölün.
k) Kesilen tarafı alta gelecek şekilde tereyağlı bir tavaya yerleştirin.
l) Hamurun üzerini örtüp 15 dakika kadar bekletin.

PİŞİRME:

m) Fırınınızı önceden 375°F (190°C) ısıtın.
n) Çörekleri 15 ila 20 dakika veya altın kahverengi olana kadar pişirin.
o) Çörekleri bir fırın rafında soğutun.

SÜSLEME:

p) Ayrı bir kapta tüm üst malzemeyi birleştirin.
q) İstenilen kıvama gelinceye kadar yarım çay kaşığı kadar su ekleyin.
r) Soğuyan çöreklerin üzerine harcı kaşıkla dökün.
s) Ev yapımı Limonlu Peynirli Çöreklerinizin tadını çıkarın!

11.Limonlu Kekler

İÇİNDEKİLER:

- 1 bütün yumurta
- 1 bardak Carbquik
- 2 yemek kaşığı Splenda (veya tadı)
- 1 çay kaşığı rendelenmiş limon kabuğu
- $\frac{1}{4}$ bardak limon suyu
- $\frac{1}{8}$ bardak su
- 1 yemek kaşığı yağ
- 1 yemek kaşığı haşhaş tohumu (isteğe bağlı)
- 1 çay kaşığı kabartma tozu
- Bir tutam tuz

TALİMATLAR:

a) Fırınınızı Ön Isıtma: Fırınınızı 200°C'ye (400°F) ısıtın. 6 adet normal boy muffin kabının her birine bir kağıt pişirme kabı yerleştirin veya muffin kalıplarının yalnızca altlarını yağlayın.

b) Hamuru Karıştırın: Orta boy bir kapta yumurtayı hafifçe çırpın. Daha sonra Carbquik, Splenda, rendelenmiş limon kabuğu, limon suyu, su, yağ, haşhaş tohumu (eğer kullanılıyorsa), kabartma tozu ve bir tutam tuzu ekleyip karıştırın. Karışım nemlenene kadar karıştırın; fazla karıştırmayın.

c) Hamuru Bölün: Muffin hamurunu hazırlanan muffin kalıplarına eşit olarak bölün.

d) Pişirme: Muffinleri önceden ısıtılmış fırında 15 ila 20 dakika veya üstleri altın rengi kahverengi olana kadar pişirin. Aşırı pişmeyi önlemek için pişirme süresinin sonuna doğru kontrol edin.

e) İşlem tamamlandıktan sonra muffinleri fırından çıkarın ve muffin kaplarında birkaç dakika soğumaya bırakın.

f) Muffinleri tamamen soğuması için tel rafa aktarın.
g) Ev yapımı Carbquik Limonlu Keklerinizin tadını çıkarın!

MEZELER VE ATIŞTIRMALIKLAR

12. Limonlu Churros

İÇİNDEKİLER:

- 1 bardak su
- 2 yemek kaşığı şeker
- ½ çay kaşığı tuz
- 2 yemek kaşığı bitkisel yağ
- 1 fincan çok amaçlı un
- 1 limon kabuğu rendesi ve
- Kızartmak için bitkisel yağ
- ¼ su bardağı şeker (kaplama için)
- 1 çay kaşığı toz tarçın (kaplama için)
- Limon sosu (pudra şekeri ve limon suyuyla yapılır)

TALİMATLAR:

a) Bir tencerede su, şeker, tuz ve bitkisel yağı birleştirin. Karışımı kaynatın.

b) Tencereyi ocaktan alıp un ve limon kabuğu rendesini ekleyin. Karışım bir hamur topu oluşana kadar karıştırın.

c) Bitkisel yağı derin bir tavada veya tencerede orta ateşte ısıtın.

d) Hamuru yıldız uçlu sıkma torbasına aktarın.

e) Hamuru sıcak yağın içine sıkın ve bir bıçak veya makasla 4-6 inç uzunluğunda kesin.

f) Her tarafı altın rengi olana kadar ara sıra çevirerek kızartın.

g) Churros'u yağdan çıkarın ve bir kağıt havlu üzerine boşaltın.

h) Ayrı bir kapta şekeri ve tarçını birleştirin. Churros'ları tarçınlı şeker karışımında kaplanana kadar yuvarlayın.

i) Churroların üzerine limonlu sosu gezdirin.

j) Limonlu tatlıları sıcak olarak servis edin.

13. Limonlu Jalapeño Pretzel Isırıkları

İÇİNDEKİLER:

- 1 yemek kaşığı zeytinyağı
- 3 jalapeno, çekirdekleri çıkarılmış ve ince doğranmış
- Kaşer tuzu
- 2 (4 ons) paket çubuk kraker ısırıkları
- 4 ons krem peynir, oda sıcaklığında
- ½ çay kaşığı ince rendelenmiş limon kabuğu rendesi
- 1 yemek kaşığı limon suyu
- Bir tutam acı sos
- 1 ons ekstra keskin turuncu Çedar peyniri, iri rendelenmiş (yaklaşık ⅓ bardak), artı serpmek için daha fazlası
- 1 yeşil soğan, ince doğranmış, ayrıca serpmek için daha fazlası

TALİMATLAR:

a) Fırını önceden 400°F'ye ısıtın. Bir fırın tepsisini parşömen kağıdıyla hizalayın.

b) Orta ateşte orta boy bir tavayı ısıtın. Zeytinyağını, ardından jalapeños'u ve ¼ çay kaşığı tuzu ekleyin. Jalapenolar yumuşayana kadar ara sıra karıştırarak pişirin, bu yaklaşık 2 dakika sürer. Ateşten alın.

c) Bu arada, bir soyma bıçağı kullanarak ve belirli bir açıyla çalışarak, her bir çubuk krakerin üst kısmını çıkarın ve 1 inçlik bir açıklık bırakın. baş parmağınızı kullanarak, çubuk krakerlerden bazılarını aşağı doğru bastırmak ve daha büyük bir açıklık oluşturmak için içeri ve çevresine doğru itin.

d) Bir kapta krem peyniri, limon kabuğu rendesi suyunu ve acı sosu birleştirin. jalapeno, çedar peyniri ve yeşil soğanı katlayın. karışımı yeniden kapatılabilir bir plastik torbaya aktarın.

e) Torbanın köşesini kesin ve her bir krakerin içini doldurun. Hazırlanan fırın tepsisine aktarın, üzerine ilave peynir serpin ve peynir eriyene kadar 5 ila 6 dakika pişirin. İsterseniz servis yapmadan önce üzerine yeşil soğan serpin.

14. limon çubuğu

İÇİNDEKİLER:
KABUĞU İÇİN:
- 1 bardak (2 çubuk) tuzsuz tereyağı, yumuşatılmış
- ½ su bardağı toz şeker
- 2 fincan çok amaçlı un
- Bir tutam tuz

LİMON DOLGUSU İÇİN:
- 4 büyük yumurta
- 2 su bardağı toz şeker
- ⅓ bardak çok amaçlı un
- ½ su bardağı taze sıkılmış limon suyu (yaklaşık 4 limon)
- 2 limonun kabuğu rendesi
- Pudra şekeri (tozlamak için)

TALİMATLAR:
KABUĞU İÇİN:
a) Fırınınızı önceden 350°F (175°C) ısıtın. 9x13 inçlik bir pişirme kabını yağlayın.
b) Bir karıştırma kabında yumuşatılmış tereyağını ve toz şekeri birlikte krema haline getirin.
c) Ufalanan bir hamur oluşuncaya kadar yavaş yavaş un ve tuzu ekleyerek karıştırın.
d) Hazırlanan pişirme kabının tabanına hamuru eşit şekilde bastırın.
e) Önceden ısıtılmış fırında 15-20 dakika veya kenarları hafif altın rengi oluncaya kadar pişirin. Fırından çıkarın ve bir kenara koyun.

LİMON DOLGUSU İÇİN:
f) Ayrı bir kapta yumurtaları, toz şekeri, unu, limon suyunu ve limon kabuğu rendesini iyice birleşene kadar çırpın.
g) Limonlu karışımı pişmiş kabuğun üzerine dökün.

h) Kabı tekrar fırına verin ve 20-25 dakika daha veya limon dolgusu sertleşene ve tavayı hafifçe salladığınızda artık sallanmayana kadar pişirin.

i) Limon çubuklarının tavada tamamen soğumasını bekleyin.

j) Soğuduktan sonra üzerine pudra şekeri serpin ve kare şeklinde kesin.

15. Limonlu Kraker

İÇİNDEKİLER:

- 2½ su bardağı Şeker
- 1 bardak Kısaltma
- 2 yemek kaşığı Fırıncılar Amonyak
- 1 çay kaşığı Limon Yağı
- 2 yumurta
- 2 yemek kaşığı Süt (yeni)
- 1 litre Süt (yeni)
- Un

TALİMATLAR:

a) Fırıncının amonyakını bir bardak sütte gece boyunca ıslatarak başlayın.

b) Ayrı bir kapta yumurtaları ayrı ayrı çırpın ve sarılarına 2 yemek kaşığı süt ekleyin.

c) Büyük bir karıştırma kabında şekeri, katı yağı, ıslatılmış amonyağı, limon yağını ve çırpılmış yumurtaları sütle birleştirin.

d) Hamurun sertleşmesi için yeterli miktarda unu yavaş yavaş ekleyin.

e) Hamuru ince bir şekilde açın ve çatalla iyice delin.

f) Fırında pişirin, ancak orijinal tarifte belirli bir sıcaklık veya pişirme süresi belirtilmemiştir. Altın kahverengi oluncaya kadar 220°C'de (425°F) pişirmeyi deneyebilirsiniz. Aşırı pişmeyi önlemek için onlara dikkat edin.

g) Bu limonlu krakerler, belirli sıcaklık ve süre talimatlarından yoksun olmasına rağmen, limon aromalı eşsiz bir ikramdır.

h) İstenilen doku ve rengi elde etmek için pişirme süresi ve sıcaklığıyla denemeler yapmanın keyfini çıkarın.

16. Limon Biber Pide Cips

İÇİNDEKİLER:

- 4 pide ekmeği turu
- 2 yemek kaşığı zeytinyağı
- 1 limon kabuğu rendesi ve
- 1 çay kaşığı karabiber
- ½ çay kaşığı tuz

TALİMATLAR:

a) Fırını önceden 375°F'ye (190°C) ısıtın.

b) Pide ekmeklerini küçük üçgenler veya istenilen şekillerde kesin.

c) Küçük bir kapta zeytinyağı, limon kabuğu rendesi, karabiber ve tuzu birleştirin.

d) Pide üçgenlerinin her iki tarafını da zeytinyağı karışımıyla fırçalayın.

e) Pide üçgenlerini parşömen kağıdıyla kaplı bir fırın tepsisine yerleştirin.

f) 10-12 dakika veya gevrek ve hafif altın rengi olana kadar pişirin.

g) Servis yapmadan önce cipslerin soğumasını bekleyin.

17.Limonlu Lor Kurabiyesi

İÇİNDEKİLER:

- 2 fincan çok amaçlı un
- $\frac{1}{4}$ su bardağı toz şeker
- 1 yemek kaşığı kabartma tozu
- $\frac{1}{2}$ çay kaşığı tuz
- $\frac{1}{2}$ bardak tuzsuz tereyağı, soğuk ve küp şeklinde
- $\frac{3}{4}$ bardak ayran
- 1 çay kaşığı vanilya özü
- Limonlu lor
- Taze ahududu
- Dilimlenmiş taze çilek
- Servis için çırpılmış krema

TALİMATLAR:

a) Fırınınızı 220°C'ye (425°F) önceden ısıtın.

b) Büyük bir kapta un, şeker, kabartma tozu ve tuzu birlikte çırpın.

c) Soğuk küp tereyağını kuru malzemelere ekleyin. Tereyağını un karışımına kaba kırıntılara benzeyene kadar kesmek için bir pasta kesici veya parmaklarınızı kullanın.

d) Karışımın ortasını havuz şeklinde açıp içine ayran ve vanilya özütünü dökün. Birleşene kadar karıştırın.

e) Hamuru unlu bir yüzeye alın ve bir araya gelinceye kadar birkaç kez hafifçe yoğurun.

f) Hamuru 1 inç kalınlığında bir yuvarlak haline getirin ve bisküvi kesici kullanarak kısa kekler kesin.

g) Kurabiyeleri parşömen kağıdıyla kaplı bir fırın tepsisine yerleştirin.

h) 12-15 dakika veya altın rengi kahverengi olana kadar pişirin.

i) Fırından çıkarın ve hafifçe soğumalarını bekleyin.

j) Kurabiyeleri yatay olarak ikiye bölün. Alt yarısına limonlu loru sürün, ardından bir kat taze ahududu ve dilimlenmiş çilek ekleyin. Kekin diğer yarısını da üzerine ekleyip çırpılmış kremayla servis yapın.

18. Limon Verbena Madeleines

İÇİNDEKİLER:

- 2 su bardağı elenmemiş kek unu
- 1 çay kaşığı Kabartma tozu
- ½ çay kaşığı Tuz
- 1 su bardağı tuzsuz tereyağı, oda sıcaklığında
- 1 ⅔ su bardağı toz şeker
- 5 büyük Yumurta
- 1 ½ çay kaşığı Vanilya özü
- Limon Verbena Şurubu (tarifi aşağıdadır)
- Limon Verbena Şurubu:
- ½ bardak Su
- ½ su bardağı toz şeker
- ¼ bardak hafifçe paketlenmiş taze limon mine çiçeği yaprağı (veya 2 yemek kaşığı kurutulmuş limon mine çiçeği yaprağı)

TALİMATLAR:

a) Fırınınızı 325 Fahrenheit'e (160 santigrat derece) önceden ısıtın ve rafı fırının ortasına yerleştirin. Madeleine tavalarını yumuşatılmış tereyağıyla yağlayın ve üzerlerine un serperek fazla unu alın. Bir kenara koyun.

b) Bir kapta kek ununu, kabartma tozunu ve tuzu birlikte eleyin. Kuru karışımı bir kenara koyun.

c) Kürek aparatı ile donatılmış bir elektrikli karıştırıcının bulunduğu bir karıştırma kabında, tuzsuz tereyağını yumuşak ve kabarık hale gelinceye kadar çırpın.

d) Toz şekeri yavaş yavaş tereyağına ekleyin ve karışım çok hafif ve kremsi hale gelinceye kadar çırpmaya devam edin.

e) Yumurtaları teker teker karışıma ekleyin ve her eklemeden sonra iyice çırpın. Vanilya ekstraktını karıştırın.

f) Kuru un karışımını, her şey iyice birleşene kadar yavaş yavaş ıslak hamurla karıştırın.

g) Bir spatula kullanarak hamuru hazırlanan Madeleine tavalarına kazıyın ve tamamen düzleştirin. Tavanın kenarlarını kağıt havluyla temizleyin.

h) Madeleine'leri önceden ısıtılmış fırında yaklaşık 10 ila 15 dakika veya kekler kabarıp üstleri altın rengi oluncaya kadar pişirin. Bir Madeleine'in ortasına bir test cihazı yerleştirin; Tamamen pişince temiz çıkması gerekir.

i) Madeleine'leri fırından çıkarın ve gevşetmek için kenarlarından bir bıçak kaydırın. Kekleri sağ tarafı yukarı gelecek şekilde tel ızgaranın üzerine çıkarın.

j) Madeleine'ler hala sıcakken, ince bir şiş kullanarak her pastanın üstüne bir delik açın.

k) Limonlu Mine Çiçeği Şurubunu Hazırlayın: Küçük bir tencerede suyu, toz şekeri ve taze limon mine çiçeği yapraklarını birleştirin. Karışımı kaynama noktasına getirin, şeker eriyene kadar karıştırın. Tencereyi ocaktan alın ve şurubun yaklaşık 10 dakika demlenmesini sağlayın. Limon mine çiçeği yapraklarını çıkarmak için şurubu süzün.

l) Her Madeleine'in üzerine 1 çay kaşığı sıcak Limonlu Mine Çiçeği Şurubu dökün, emilmesini sağlayın ve keklere enfes lezzetini aşılayın.

m) Madeleine'lerin tamamen soğumasını bekleyin, ardından hava geçirmez bir kapta saklayın.

n) Limon mine çiçeğinin aromatik özü ile aşılanmış bu nefis Limon Mine Çiçeği Madeleine'lerinin tadını çıkarın. Çayınıza veya kahvenize eşlik edecek enfes bir ikramdırlar ve hoş kokulu şurup ekstra bir tatlılık ve lezzet dokunuşu katar. Tazeliğini korumak için kalanları hava geçirmez bir kapta saklayın.

19. Limonlu Brownie

İÇİNDEKİLER:

- 1 su bardağı tuzsuz tereyağı, eritilmiş
- 2 su bardağı toz şeker
- 4 büyük yumurta
- 1 çay kaşığı vanilya özü
- 1 yemek kaşığı limon kabuğu rendesi
- 2 yemek kaşığı taze limon suyu
- 1 ½ su bardağı çok amaçlı un
- ½ çay kaşığı tuz
- ½ su bardağı pudra şekeri (üzerine serpmek için)

TALİMATLAR:

a) Fırını önceden 350°F'ye ısıtın ve 9x13 inçlik bir pişirme kabını yağlayın.

b) Geniş bir kapta eritilmiş tereyağı ve toz şekeri iyice birleşene kadar karıştırın.

c) Yumurtaları, vanilya özütünü, limon kabuğu rendesini ve limon suyunu ekleyin ve pürüzsüz hale gelinceye kadar karıştırın.

d) Ayrı bir kapta un ve tuzu birlikte çırpın.

e) Kuru malzemeleri yavaş yavaş ıslak malzemelere ekleyin ve birleşene kadar karıştırın.

f) Hamuru hazırlanan pişirme kabına dökün ve eşit şekilde dağıtın.

g) 25-30 dakika veya ortasına batırılan kürdan birkaç nemli kırıntıyla çıkana kadar pişirin.

h) Brownielerin tamamen soğumasını bekleyin.

i) Üstüne pudra şekeri serpin.

j) kareler halinde kesin ve servis yapın.

20. Mini Limon Barları

İÇİNDEKİLER:

- 1 fincan çok amaçlı un
- $\frac{1}{4}$ su bardağı pudra şekeri
- $\frac{1}{2}$ bardak tuzsuz tereyağı, yumuşatılmış
- 2 büyük yumurta
- 1 su bardağı toz şeker
- 2 yemek kaşığı çok amaçlı un
- $\frac{1}{4}$ çay kaşığı kabartma tozu
- 2 yemek kaşığı limon suyu
- 1 limon kabuğu rendesi ve
- Pudra şekeri (tozlamak için)

TALİMATLAR:

a) Fırını önceden 350°F'ye (175°C) ısıtın.

b) Bir karıştırma kabında 1 su bardağı un, $\frac{1}{4}$ su bardağı pudra şekeri ve yumuşatılmış tereyağını ufalanana kadar birleştirin.

c) Karışımı yağlanmış 8x8 inçlik bir fırın tepsisinin tabanına bastırın.

d) Kabuğu 15-20 dakika veya hafif altın rengi kahverengi olana kadar pişirin.

e) Başka bir kapta yumurtaları, toz şekeri, 2 yemek kaşığı unu, kabartma tozunu, limon suyunu ve limon kabuğu rendesini iyice birleşene kadar çırpın.

f) Limonlu karışımı pişmiş kabuğun üzerine dökün.

g) 20-25 dakika daha veya üst kısmı sertleşip hafifçe kızarıncaya kadar pişirin.

h) Mini limon çubuklarının tamamen soğumasını bekleyin, ardından bunları lokma büyüklüğünde kareler halinde kesin.

i) Servis etmeden önce üzerlerine pudra şekeri serpin.

21. Limonata Yermantarları

İÇİNDEKİLER:

- 26 ons beyaz çikolata, bölünmüş
- 6 yemek kaşığı tereyağı
- 1 yemek kaşığı limon kabuğu rendesi
- 1 çay kaşığı limon suyu
- ⅓ çay kaşığı tartarik asit Bir tutam tuz
- 2 yemek kaşığı çilek konservesi

TALİMATLAR:

a) Buradaki yöntemi kullanarak tüm beyaz çikolatayı temperleyin ve tezgaha bir miktar çikolata sürerek iyi bir kıvama sahip olduğunuzu doğrulayın.

b) Bu 2 dakika içinde ayarlanmalıdır. 16 ons'u bir kenara koyun.

c) Tereyağını mikrodalgada yumuşatın ve ardından parşömen kağıdından bir yastıkta (buraya bakın), tereyağı ılık olana ve yüz kremi kıvamına gelene kadar yoğurun.

d) Karışım iyice birleşene ve ipeksi görünene kadar tereyağını 10 ons temperlenmiş çikolatayla karıştırın.

e) Kalan malzemeleri ekleyin ve iyice karıştırın.

f) Ganajı 1 inçlik kare kalıplara sıkın.

g) Sertleşmesi için tezgahın üzerinde bekletin veya 20 dakika buzdolabında bekletin.

h) Ganaj kalıptan temiz bir şekilde çıktığında daldırmaya hazırdırlar.

i) İki uçlu bir daldırma çatalı kullanarak yer mantarlarını kalan 16 ons temperlenmiş beyaz çikolataya batırın.

j) Bir sonrakini batırmadan önce her bir mantarın üzerine pembe ve sarı kakao yağı koyarak süsleyin.

k) Transfer kağıdını çıkarmadan önce serin bir alanda 10 ila 20 dakika bekletin.

l) Oda sıcaklığında, koku ve ısıdan uzak, karanlık bir yerde 3 haftaya kadar saklayın.

TATLI

22. Limonlu Ayna Sırlı Makaronlar

İÇİNDEKİLER:
MAKARON KABUKLARI İÇİN:
- 1 su bardağı badem unu
- 1 su bardağı pudra şekeri
- 2 büyük yumurta akı, oda sıcaklığında
- ¼ su bardağı toz şeker
- 1 limon kabuğu rendesi ve
- Sarı jel gıda boyası (isteğe bağlı)

LİMONLU LOR DOLGUSU İÇİN:
- 2 limonun suyu
- 1 limon kabuğu rendesi ve
- ½ su bardağı toz şeker
- 2 büyük yumurta
- 4 yemek kaşığı (56g) tuzsuz tereyağı, küp şeklinde

LİMON AYNA SIRASI İÇİN:
- ½ bardak su
- 1 su bardağı toz şeker
- ½ bardak hafif mısır şurubu
- ½ bardak (60g) şekersiz limon suyu
- 2 yemek kaşığı jelatin tozu
- Sarı jel gıda boyası (isteğe bağlı)

TALİMATLAR:
MAKARON KABUKLARININ YAPILIŞI:
a) İki fırın tepsisini parşömen kağıdı veya silikon fırın paspaslarıyla hizalayın.

b) Bir mutfak robotunda badem ununu ve pudra şekerini birleştirin. İyice birleşene ve doku bakımından ince olana kadar nabız atın. Büyük bir karıştırma kabına aktarın.

c) Başka bir karıştırma kabında yumurta aklarını köpük köpük olana kadar çırpın. Çırpmaya devam ederken yavaş

yavaş toz şekeri ekleyin. Sert zirveler oluşana kadar çırpın. İsteğe bağlı olarak birkaç damla sarı jel gıda boyası ve limon kabuğu rendesi ekleyin ve eşit şekilde dağılıncaya kadar karıştırın.

d) Badem unu karışımını yumurta akı karışımına bir spatula kullanarak yavaşça katlayın. Hamur pürüzsüz hale gelinceye ve şerit benzeri bir kıvam oluşturana kadar katlayın. Fazla karıştırmamaya dikkat edin.

e) Makaron hamurunu yuvarlak uçlu sıkma torbasına aktarın.

f) Hazırlanan fırın tepsilerine küçük yuvarlaklar (yaklaşık 1 inç çapında) sıkın ve aralarında boşluk bırakın. Hava kabarcıklarının çıkması için fırın tepsisini tezgaha hafifçe vurun.

g) Borulu makaronları, yüzeyde bir kabuk oluşana kadar yaklaşık 30 dakika oda sıcaklığında bekletin. Bu adım pürüzsüz bir kabuk için çok önemlidir.

h) Makaronlar dinlenirken fırınınızı 150°C'ye (300°F) ısıtın.

i) Makaronları fırın tepsilerini yarıya kadar çevirerek 15 dakika pişirin.

j) Makaronları fırından çıkarın ve birkaç dakika fırın tepsisinde soğumalarını bekleyin, ardından tamamen soğumaları için tel ızgaraya aktarın.

LİMONLU LOR DOLGUSUNUN YAPILIŞI:

k) Bir tencerede limon suyu, limon kabuğu rendesi, toz şeker ve yumurtaları birleştirin. Karışım koyulaşana kadar orta ateşte yaklaşık 5-7 dakika çırpın.

l) Tencereyi ocaktan alın ve küp şeklinde tereyağını tamamen karışana kadar çırpın.

m) Limonlu loru bir kaseye aktarın, plastik ambalajla örtün (kabuk oluşumunu önlemek için doğrudan yüzeye dokunarak) ve soğuyuncaya kadar buzdolabında saklayın ve yaklaşık 1 saat bekletin.

MAKARONLARIN MONTAJI:

n) Makaron kabuklarını benzer boyuttaki çiftler halinde eşleştirin.

o) Sıkma torbasını limonlu lor dolgusu ile doldurun ve her bir çiftten bir makaron kabuğuna küçük bir miktar sıkın.

p) Sandviç oluşturmak için ikinci kabuğu yavaşça üstüne bastırın. Kalan makarnalarla aynı işlemi tekrarlayın.

q) Limonlu Ayna Sırının Yapılışı:

r) Küçük bir kapta jelatin tozunu 2 yemek kaşığı soğuk suyla birleştirin. Birkaç dakika çiçek açmasına izin verin.

s) Bir tencerede su, toz şeker ve mısır şurubunu birleştirin. Orta ateşte, sürekli karıştırarak, şeker eriyene kadar kaynatın.

t) Karışımı ocaktan alın ve limon suyunu ekleyerek karıştırarak birleştirin.

u) Çiçeklenmiş jelatini limon karışımına ekleyin ve jelatin tamamen eriyene kadar karıştırın.

v) İstenirse, canlı bir limon rengi elde etmek için birkaç damla sarı jel gıda boyası ekleyin.

MAKARONLARIN SÜRÜLMESİ:

w) Fazla sırları yakalamak için fırın tepsisinin üzerine bir tel raf yerleştirin.

x) Her bir makaronu üst kısmından tutun ve alt kısmını limonlu ayna sırına yavaşça batırın. Fazla sırın damlamasına izin verin.

y) Sırlı makaronları tel rafın üzerine yerleştirin ve sır sertleşinceye kadar yaklaşık 30 dakika bekletin.

z) Limonlu ayna sırlı makaronları hava geçirmez bir kapta buzdolabında üç güne kadar saklayın. Enfes limonlu ikramlarınızın tadını çıkarın!

23. Fıstıklı Limonlu Ekler

İÇİNDEKİLER:

LİMON ŞEKERİ İÇİN (İSTEĞE BAĞLI):
- 10 sunquat (mini limon)
- 2 bardak su
- 2 su bardağı şeker

Antep Fıstığı Ezmesi İçin:
- 60 gr kabuksuz antep fıstığı (kavrulmamış)
- 10 gr üzüm çekirdeği yağı

ANTEP FISTIĞI-LİMONLU MUSSELİN KREMASI İÇİN:
- 500 gr süt
- 2 limonun kabuğu rendesi
- 120 gr yumurta sarısı
- 120 gr şeker
- 40 gr mısır nişastası
- 30 gr fıstık ezmesi (veya mağazadan satın alındıysa 45 gr)
- 120 gr yumuşatılmış tereyağı (küp şeklinde kesilmiş)

FISTIKLI MARZİPAN İÇİN:
- 200 gr badem ezmesi
- 15 gr fıstık ezmesi
- Yeşil gıda boyası (jel)
- Bir miktar pudra şekeri

CHOUX BÖREĞİ İÇİN:
- 125 gr tereyağı
- 125 gr süt
- 125 gr su
- 5 gr şeker
- 5 gr tuz
- 140 gr un
- 220 gr yumurta

SIRLAMA İÇİN:

- 200 g şekerleme nötr (nötr jöle sır)
- 100 gr su
- Yeşil gıda boyası (jel)

DEKORASYON İÇİN:

- Öğütülmüş fıstık

TALİMATLAR:
LİMON ŞEKERİ (İSTEĞE BAĞLI):

a) Bir buz banyosu (su ve buz içeren bir tencere) hazırlayın ve bir kenara koyun.

b) İnce limon dilimlerini kesmek için keskin bir bıçak kullanın. Tohumları atın.

c) Başka bir tencerede suyu kaynatın. Ateşten alın ve hemen limon dilimlerini sıcak suya ekleyin. Dilimler yumuşayana kadar karıştırın (yaklaşık bir dakika).

d) Sıcak suyu bir süzgeçten geçirin, ardından limon dilimlerini bir saniyeliğine buz banyosuna koyun. Süzgeci kullanarak buzlu suyu dökün.

e) Yüksek ateşte büyük bir tencerede su ve şekeri birleştirin. Şeker eriyene kadar karıştırın, ardından kaynatın.

f) Isıyı orta dereceye düşürün ve maşa kullanarak limon dilimlerini suyun içinde yüzecek şekilde yerleştirin. Kabuk şeffaflaşana kadar, yaklaşık 1,5 saat, kısık ateşte pişirin.

g) Limonları maşa kullanarak çıkarın ve soğutma rafına yerleştirin. Limon dilimlerinden damlayan şurubu yakalamak için soğutma rafının altına bir parça pişirme kağıdı koyun.

Antep Fıstığı Ezmesi:

h) Fırını önceden 160°C'ye (320°F) ısıtın.

i) Antep fıstıklarını fırın tepsisinde yaklaşık 7 dakika, hafif kahverengileşene kadar kavurun. Soğumalarına izin verin.

j) Soğuyan antep fıstıklarını küçük bir mutfak robotunda toz haline getirin. Yağı ekleyip macun kıvamına gelinceye kadar tekrar öğütün. Kullanana kadar buzdolabında saklayın.

k) Fıstıklı-Limonlu Mousseline Kreması:

l) Sütü kaynatın. Isıyı kapatın, limon kabuğu rendesini ekleyin, kapağını kapatın ve 10 dakika bekletin.

m) Bir kapta yumurta sarılarını ve şekeri birleştirin. Hemen çırpın, ardından mısır nişastasını ekleyip tekrar çırpın.

n) Çırpmaya devam ederken ılık sütü ekleyin. Karışımı bir süzgeçten geçirerek temiz bir tencereye dökün ve süzgeçte kalan limon kabuğu rendesini atın.

o) Orta ateşte ısıtın ve karışım koyulaşıp kremsi hale gelinceye kadar çırpın. Ateşten alın.

p) Kremayı fıstık ezmesinin bulunduğu kaseye aktarın. Üniforma kadar çırpın. Kabuğun oluşmasını önlemek için plastik ambalajla örtün ve soğutun.

q) Krema 40°C'ye (104°F) ulaştığında, yumuşatılmış tereyağını yavaş yavaş ekleyin ve iyice karıştırın. Plastik ambalajla örtün ve soğutun.

PASTA HAMURU:

r) Unu eleyin ve bir kenara koyun.

s) Bir tencereye tereyağı, süt, su, şeker ve tuzu ekleyin. Tereyağı eriyene ve karışım kaynayana kadar orta-yüksek ateşte ısıtın.

t) Ateşten alın, hemen unu bir kerede ekleyin ve patates püresine benzeyen düzgün bir karışım oluşana kadar iyice karıştırın. Bu panade karışımı.

u) Tavayı, tencerenin kenarlarından çekilip donmaya başlayıncaya kadar bir spatula ile karıştırarak yaklaşık bir dakika kısık ateşte kurutun.

v) Panadı bir karıştırma kabına aktarın ve hafifçe soğutun. Ayrı bir kapta yumurtaları çırpın ve yavaş yavaş karıştırıcıya ekleyin, daha fazlasını eklemeden önce her eklemenin birleşmesini bekleyin.

w) Hamur pürüzsüz, parlak ve stabil hale gelinceye kadar düşük-orta hızda karıştırın.

x) Fırını önceden 250°C'ye (480°F) ısıtın. Fırın tepsisini parşömen kağıdıyla veya ince bir tabaka tereyağıyla kaplayın.

y) 12 cm uzunluğunda hamur şeritlerini tepsiye sıkın. Pişirme sırasında fırının kapağını açmayın.

z) 15 dakika sonra fırının kapağını hafifçe (yaklaşık 1 cm) açarak buharın dışarı çıkmasını sağlayın. Kapatın ve sıcaklığı 170°C'ye (340°F) ayarlayın. Eklerler kahverengileşinceye kadar 20-25 dakika pişirin.

aa) Kalan meyilli ile tekrarlayın.

FISTIKLI MARZİPAN:

bb) Badem ezmesini küpler halinde kesin ve yumuşak ve homojen hale gelinceye kadar düz bir çırpıcıyla karıştırın. Antep fıstığı ezmesini ve yeşil gıda boyasını (istenirse) ekleyin ve homojen oluncaya kadar karıştırın.

cc) Badem ezmesini 2 mm kalınlığında açın ve eklerlere uyacak şekilde şeritler kesin.

TOPLANTI:

dd) Her eklerin alt kısmına iki küçük delik açın.

ee) Her bir ekleri deliklerden fıstıklı-limonlu kremayla doldurun.

ff) Badem ezmesi şeritlerinin bir tarafına biraz sır sürün ve bunu eklerlere yapıştırın.

gg) Her bir ekleri sırın içine batırın ve fazla sırın damlamasını sağlayın.

hh) Şekerlenmiş limon dilimleri veya kıyılmış antep fıstığı ile süsleyin.

ii) Servis yapmaya hazır olana kadar buzdolabında saklayın.

24. Goji, Fıstıklı ve Limonlu Tart

İÇİNDEKİLER:

ÇİĞ VEGAN ANTEP FISTIĞI KABUK İÇİN:
- 1½ su bardağı badem unu veya badem unu
- ½ bardak antep fıstığı
- 3 tarih
- 1½ yemek kaşığı hindistancevizi yağı
- ½ çay kaşığı öğütülmüş kakule tozu
- ⅛ çay kaşığı tuz

DOLGU:
- 1½ su bardağı hindistan cevizi kreması
- 1 bardak limon suyu
- 1 yemek kaşığı mısır nişastası
- 2 çay kaşığı agar-agar
- ¼ bardak akçaağaç şurubu
- ½ çay kaşığı öğütülmüş zerdeçal tozu
- 1 çay kaşığı vanilya özü
- ½ çay kaşığı goji özü

TOPLAMALAR:
- bir avuç goji meyvesi
- Ejder meyvesi
- yenilebilir çiçekler
- çikolata kalpleri

TALİMATLAR:
TART KABUK
a) Badem ununu ve antep fıstığını bir mutfak robotunda/blenderda ince bir kırıntı elde edene kadar karıştırın.

b) Kabuk malzemelerinin geri kalanını ekleyin ve düzgün, yapışkan bir karışım elde edene kadar iyice karıştırın.

c) Hazırladığınız hamuru tart kalıbına ekleyin ve tabanın içine eşit şekilde yayın.

d) Doldurmayı hazırlarken buzdolabında soğumaya bırakın.

DOLGU

e) Hindistan cevizi kremasını orta boy bir tencerede ısıtın, pürüzsüz ve homojen hale gelinceye kadar iyice karıştırın.

f) Mısır nişastası ve agar agar da dahil olmak üzere dolgu malzemelerinin geri kalanını ekleyin.

g) Sürekli karıştırarak kaynatın ve koyulaşmaya başlayıncaya kadar birkaç dakika pişirin.

h) Karışım koyulaştığında ocaktan alın ve 10-15 dakika soğumaya bırakın.

i) Daha sonra hamurun üzerine dökün ve tamamen soğumaya bırakın.

j) Doldurma tamamen katılaşana kadar en az birkaç saat buzdolabına koyun.

k) Goji meyveleri, ejderha meyvesi topları ve yenilebilir çiçeklerle veya en sevdiğiniz malzemelerle süsleyin.

25. Limonlu kremalı-fıstıklı turta

İÇİNDEKİLER:
- 1 porsiyon Fıstıklı Crunch
- ½ ons eritilmiş beyaz çikolata
- 1⅓ bardak Limonlu Lor
- 1 su bardağı şeker
- ½ bardak su
- 3 yumurta akı
- ¼ bardak Limonlu Lor

TALİMATLAR:
a) Fıstık ezmesini 10 inçlik bir pasta kalıbına boşaltın. Parmaklarınızla ve avuç içlerinizle, çıtırtıyı tart kalıbına sıkıca bastırın, tabanın ve yanların eşit şekilde kaplandığından emin olun. Doldururken bir kenara koyun; plastiğe sarılı kabuk 2 haftaya kadar buzdolabında saklanabilir.

b) Bir pasta fırçası kullanarak, kabuğun altına ve yanlarına ince bir tabaka beyaz çikolata sürün. Çikolatanın donması için kabuğu 10 dakika dondurucuya koyun.

c) 1⅓ bardak limonlu loru küçük bir kaseye koyun ve biraz gevşetmek için karıştırın. Limonlu loru bir kabuğa kazıyın ve bir kaşığın arkasını veya bir spatulayı kullanarak eşit bir tabaka halinde yayın. Limonlu lor tabakasının sertleşmesine yardımcı olmak için pastayı yaklaşık 10 dakika dondurucuya yerleştirin.

d) Bu arada, şekeri ve suyu küçük, ağır dipli bir tencerede birleştirin ve şekeri ıslak kum gibi hissedene kadar suyun içinde yavaşça çalkalayın. Tencereyi orta ateşe yerleştirin ve karışımı 239°F'ye ısıtın, sıcaklığı anında okunan veya şeker termometresiyle takip edin.

e) Şeker ısınırken, yumurta aklarını stand mikserinin kasesine koyun ve çırpma aparatı ile orta yumuşaklıkta zirvelere kadar çırpmaya başlayın.

f) Şeker şurubu 239°F'ye ulaştığında, onu ocaktan alın ve çok dikkatli bir şekilde çırpılmış yumurta aklarının içine döküm, çırpıcıdan kaçındığınızdan emin olun: ilginç bir yanık istemiyorsanız, bunu yapmadan önce karıştırıcıyı çok düşük hıza düşürün. yüzündeki izler.

g) Yumurta beyazlarına şekerin tamamı başarıyla eklendikten sonra mikserin hızını tekrar artırın ve bezenin oda sıcaklığına soğuyana kadar çırpılmasını sağlayın.

h) Beze çırpılırken, ¼ fincan limonlu loru geniş bir kaseye koyun ve bir spatula kullanarak biraz gevşetmek için karıştırın.

i) Beze oda sıcaklığına soğuduğunda, karıştırıcıyı kapatın, kaseyi çıkarın ve bezeyi söndürmemeye dikkat ederek, beyaz çizgiler kalmayıncaya kadar bezeyi spatula ile limonlu lorun içine katlayın.

j) Pastayı dondurucudan çıkarın ve limonlu kremayı limonlu kremanın üzerine koyun. Bir kaşık kullanarak bezeyi limonlu peyniri tamamen kaplayacak şekilde eşit bir tabaka halinde yayın.

k) Pastayı kullanıma hazır olana kadar dondurucuda servis edin veya saklayın. Sert bir şekilde dondurulduktan sonra plastik ambalaja sıkıca sarılır ve dondurucuda 3 haftaya kadar saklanır. Servis yapmadan önce pastanın bir gece buzdolabında veya oda sıcaklığında en az 3 saat çözülmesini bekleyin.

26. Limonlu çilekli mousse kek

İÇİNDEKİLER:

- 1 su bardağı Çok amaçlı un 250 mL
- ⅓ bardak Kavrulmuş fındık veya fıstık; ince doğranmış
- 2 yemek kaşığı toz şeker 25 ml
- ½ bardak Tuzsuz tereyağı; küçük parçalar halinde kesilmiş 125 mL
- 1 Yumurta sarısı 1
- 1 yemek kaşığı Limon suyu 15 mL
- 2 ons Ev yapımı veya ticari pandispanya 60 g
- 4 su bardağı Taze çilek 1 L
- 1 Tatlandırılmamış jelatin zarfı 1
- ¼ bardak Soğuk su 50 mL
- 4 Yumurta sarısı 4
- ¾ su bardağı toz şeker; 175 mL'ye bölünmüş
- ¾ bardak Limon suyu 175 mL
- 1 yemek kaşığı İnce rendelenmiş limon kabuğu 15 mL
- 4 ons Krem peynir 125 gr
- 1¾ su bardağı Krem şanti 425 mL
- Kıyılmış kavrulmuş antep fıstığı
- Elenmiş pudra şekeri

TALİMATLAR:

a) Fırını 375F / 190C'ye önceden ısıtın.

b) Hamur işini yapmak için büyük bir kapta unu fındık ve toz şekerle birleştirin. Tereyağını küçük parçalar haline gelinceye kadar kesin.

c) Yumurta sarısını limon suyuyla birleştirin. Un karışımını üzerine serpin ve hamuru bir top halinde toplayın. 9 veya 10 inç/23 veya 25 cm'lik yaylı tavanın tabanını sığdırmak için yuvarlayın veya bastırın.

d) 20 ila 25 dakika veya hafifçe kızarıncaya kadar pişirin. Pandispanyayı küçük parçalara ayırın ve hamurun üzerine serpin.

e) En iyi sekiz çilekten en üstte yer ayırın. Kalan meyveleri soyun.

f) Yaklaşık on iki adet eşit büyüklükte meyveyi ikiye bölün ve meyvelerin kesilmiş tarafı kenara bastırılacak şekilde tavanın kenarına yerleştirin. Kalan meyveleri, uçları yukarı bakacak şekilde tavanın içine sığacak şekilde düzenleyin.

g) İç harcı hazırlamak için jelatini küçük bir tencerede soğuk suyun üzerine serpin.

h) 5 dakika yumuşamaya bırakın. Çözünene kadar yavaşça ısıtın.

i) Orta boy bir tencerede 4 yumurta sarısını $\frac{1}{2}$ bardak/125 mL toz şekerle hafif hafif olana kadar çırpın. Limon suyunu çırpın ve soyun. Karışım koyulaşıncaya ve kaynayana kadar sürekli karıştırarak pişirin. Çözünmüş jelatini karıştırın. Serin.

j) Büyük bir kapta krem peyniri kalan $\frac{1}{4}$ bardak/50 mL toz şekerle çırpın. Soğuk limon kremasını çırpın.

k) Ayrı bir kapta kremayı hafif hafif oluncaya kadar çırpın. Limonlu kremaya katlayın.

l) Çileklerin üzerine dökün. Limon karışımı meyvelerin arasına düşecek ve üst kısım eşit olacak şekilde tavayı hafifçe sallayın. 3 ila 4 saat veya sertleşene kadar buzdolabında saklayın.

m) Tavanın kenarına bir bıçak sürün ve kenarlarını çıkarın.

n) Servis tabağına keki yerleştirin. (Yaylı tabanı yalnızca kolayca çıkıyorsa çıkarın.) 1 inç/$2\frac{1}{2}$ cm'lik mumlu kağıt şeritlerini kekin üzerine aralarında boşluk kalacak şekilde yerleştirin.

o) Boşluklara fıstık serpin. Kağıdı dikkatlice çıkarın. Kabukları ayrılmış meyvelerin üzerinde bırakın ve ikiye bölün. Meyveleri boş şeritler boyunca sıralar halinde düzenleyin. Pudra şekeri serpin.

p) Servis yapmaya hazır olana kadar buzdolabında saklayın.

27. Limonlu kiraz fındık köpüğü

İÇİNDEKİLER:

- ½ bardak Bütün doğal badem
- 1 Zarf aromasız jelatin
- 3 yemek kaşığı Limon suyu
- 1 su bardağı toz şeker; bölünmüş
- 1 kutu (12 ons) buharlaştırılmış süt
- 1 kutu (21 ons) kirazlı turta doldurma ve tepesi
- 2 çay kaşığı rendelenmiş limon kabuğu
- ¼ çay kaşığı Badem özü
- 4 Yumurta beyazı

TALİMATLAR:

a) Bademleri bir fırın tepsisine tek kat halinde yayın. 350 dereceye ısıtılmış fırında, ara sıra karıştırarak, hafifçe kızarana kadar 12-15 dakika pişirin. Soğutun ve ince doğrayın.

b) Küçük, ağır bir tencerede jelatini 3 yemek kaşığı suyun üzerine serpin. Jelatin suyu emene kadar 2 dakika bekletin.

c) Limon suyunu ve ½ bardak şekeri karıştırın; jelatin ve şeker tamamen eriyene ve sıvı berraklaşana kadar karışımı düşük ateşte karıştırın.

d) Buharlaştırılmış sütü büyük bir karıştırma kabına dökün; vişneli pasta dolgusunu, limon kabuğunu ve badem özünü karıştırın. Çözünmüş jelatin karışımını iyice karıştırarak ilave edin.

e) Karışım kalın ve puding kıvamına gelinceye kadar soğutun.

f) Yumurta aklarını hafif ve köpüklü olana kadar çırpın. Kalan şekeri yavaş yavaş ekleyin.

g) Sert beze oluşana kadar çırpmaya devam edin. Bezeyi kiraz karışımına katlayın. Kıyılmış bademleri yavaşça katlayın.

h) 8 servis kasesine köpüğü kaşıkla dökün. Servis yapmadan önce en az 2 saat veya gece boyunca örtün ve soğutun.

28. Ravent Soslu Limonlu Buz Torte

İÇİNDEKİLER:
KABUĞU İÇİN:
- 3 bardak Beyazlatılmış Şeritli Badem, kızartılmış (yaklaşık 12 ons)
- ½ bardak) şeker
- 5 yemek kaşığı eritilmiş margarin
- ¼ çay kaşığı Öğütülmüş Tarçın
- ⅓ bardak Çilek Reçeli

TORF İÇİN:
- 3 pint Limon veya Ananaslı Buz, Şerbet veya Sorbe
- 1 su bardağı Şeker
- ½ bardak Su
- 1 Vanilya Fasulyesi, uzunlamasına bölünmüş

ÇİLEK-RAVAT SOSU İÇİN:
- 1 20 onsluk Dondurulmuş Şekersiz Ravent torbası
- 1 20 onsluk Dondurulmuş Şekersiz Çilek torbası
- 1 litrelik sepet Taze Çilek
- Taze Nane Dalları (süslemek için)

TALİMATLAR:
KABUĞU İÇİN:
a) Bir mutfak robotunda kavrulmuş şeritli bademleri ve şekeri birleştirin. İnce doğranana kadar işleyin.

b) Badem-şeker karışımını orta boy bir kaseye aktarın.

c) Eritilmiş margarini ve öğütülmüş tarçını badem karışımına iyice birleşene kadar karıştırın.

d) Badem karışımını 9 inç çapında yaylı bir tavaya aktarın. Badem karışımını kenarlardan 2 inç yukarıya ve tavanın tabanına eşit şekilde bastırmaya yardımcı olmak için plastik ambalaj kullanın. Kabuğu 15 dakika boyunca dondurun.

e) Fırınınızı önceden 350°F (175°C) ısıtın. Tavayı kabukla birlikte bir kurabiye kağıdına yerleştirin ve 20 dakika veya kabuk sertleşip hafifçe altın rengi oluncaya kadar pişirin. Pişirme sırasında kabuk kenarları kayarsa, çatalın arkasıyla tekrar yerine bastırın.

f) Tavayı bir rafa aktarın ve kabuğun tamamen soğumasını bekleyin.

g) Çilek konservelerini ağır, küçük bir tencerede eritin. Erimiş olan reçeli soğumuş olan hamurun içine dökün ve tabanı kaplayacak şekilde yayın. Soğumaya bırakın.

TORF İÇİN:

h) Limon veya ananaslı buzu, şerbeti veya şerbeti çok hafif yumuşatın ve tavada kabuğun üzerine yayın. Sertleşinceye kadar dondurun. Bu adımı bir gün önceden hazırlayabilirsiniz; sadece örtün ve dondurun.

ÇİLEK-RAVAT SOSU İÇİN:

i) Ağır orta boy bir tencerede ½ bardak şekeri ve ½ bardak suyu birleştirin. Vanilya çekirdeğinin tohumlarını kazıyın ve bölünmüş vanilya çekirdeği kabuğuyla birlikte tencereye ekleyin. 5 dakika kaynatın.

j) Kalan yarım bardak şekeri ekleyin ve karıştırarak erimesini sağlayın.

k) Raventi tencereye ekleyin. Kaynatın, ardından ısıyı azaltın, kapağını kapatın ve ravent yumuşayana kadar pişirin; bu yaklaşık 8 dakika sürecektir.

l) Dondurulmuş çilekleri tencereye ekleyin ve kaynamaya bırakın. Sosu soğumaya bırakın. İyice soğuyuncaya kadar üzerini kapatıp soğutun. Bu adım bir gün önceden de hazırlanabilir.

m) Vanilya çubuğunu sostan çıkarın.

TOPLANTI:

n) Küçük keskin bir bıçakla kabuk ile tavanın kenarları arasında kesin. Tava kenarlarını çıkarın.

o) Turtanın orta kısmına ½ bardak çilek-ravent sosunu kaşıkla dökün.

p) Ortasına taze çilekleri dizin ve taze nane dallarıyla süsleyin.

q) Turtayı dilimler halinde kesin ve ilave sosla servis yapın.

r) Çilek ravent soslu enfes Limonlu Buz Torte'nizin tadını çıkarın! Ferahlatıcı ve zarif bir tatlıdır.

29. Limon-Ravent Bulut Pudingi

İÇİNDEKİLER:

- 1 ¼ su bardağı Şeker
- ¼ bardak Mısır Nişastası
- ¼ çay kaşığı Tuz
- 1 ¼ su bardağı Su
- 4 Büyük Yumurta
- 1 su bardağı Kıyılmış Taze veya Dondurulmuş Ravent
- 1 yemek kaşığı rendelenmiş limon kabuğu
- ⅓ bardak Limon Suyu
- ¼ çay kaşığı Tartar Kreması

TALİMATLAR:

a) 2 litrelik bir tencerede ¼ bardak şekeri, mısır nişastasını ve tuzu birleştirin. Mısır nişastası suda eşit şekilde dağılıncaya kadar tel çırpıcıyla suyu yavaş yavaş karıştırın.

b) Karışımı orta ateşte, sürekli karıştırarak, kaynayıp puding benzeri bir kıvam elde edinceye kadar ısıtın. Pudingi ocaktan alın.

c) Yumurtaları ayırın, beyazlarını orta boy bir kaseye, sarılarını da küçük bir kaseye koyun. Sarıları hafifçe çırpın ve pudingin bir kısmını çırpın. Daha sonra yumurta sarısı karışımını puding tenceresine geri koyun ve iyice karışana kadar karıştırın. Kıyılmış raventi katlayın.

d) Karışımı orta ateşe alın ve sürekli karıştırarak kaynayana kadar ısıtın. Isıyı en aza indirin ve ravent yumuşayana kadar ara sıra karıştırarak pişirmeye devam edin, bu yaklaşık 5 dakika sürecektir.

e) Pudingi ocaktan alın. Rendelenmiş limon kabuğunu ve limon suyunu ekleyip karıştırın. Pudingi sığ, 1½ litrelik fırına dayanıklı bir kaseye veya güveç kabına dökün.

f) Fırınınızı önceden 350°F (175°C) ısıtın.

g) Elektrikli karıştırıcıyı yüksek hızda kullanarak, ayrılmış yumurta aklarını ve tartar kremasını hafif ve kabarık hale gelinceye kadar çırpın.

h) Kalan ½ bardak şekeri sert bir beze oluşana kadar yavaş yavaş çırpın ve çırpıcı yavaşça kaldırıldığında tepe noktaları şeklini korur.

i) Bezeyi pudingin üzerine yayın, kasenin kenarına yapışmasını sağlayın. Bezenin üzerinde dekoratif tepeler oluşturabilirsiniz.

j) Önceden ısıtılmış fırında 12 ila 15 dakika veya beze altın rengi kahverengi olana kadar pişirin.

k) Pudingi ılık olarak servis edebileceğiniz gibi, oda sıcaklığına kadar soğuduktan sonra buzdolabına kaldırıp soğuk olarak da servis edebilirsiniz.

l) Lezzetli Limonlu Ravent Bulut Pudinginizin tadını çıkarın! Tatlı ve keskin tatların mükemmel dengesine sahip enfes bir tatlıdır.

30. Ravent limonlu tofu pastası

İÇİNDEKİLER:

- 5 sap ravent, yıkanmış,
- 1 Granny Smith elması, soyulmuş
- Düzine büyük çilek
- 6 ons Sert (yağı azaltılmış) tofu
- $\frac{1}{2}$ limon suyu
- $\frac{1}{4}$ bardak + 2 T şeker
- 2 yemek kaşığı Tam buğday unu
- 2 çay kaşığı Şeker + 2 ton tam buğday
- Un

TALİMATLAR:

a) Pirinç ocağına biraz su ve doğranmış ravent saplarını ekleyin. Birkaç dakika üstü kapalı olarak pişirin. Küp şeklinde kesilmiş elmayı, çilekleri ve $\frac{1}{4}$ c şekeri ekleyin

b) Tofuyu bir mutfak robotunda veya doğrayıcıda iyice pürüzsüz hale gelinceye kadar püre haline getirin. Limon suyu, 2 T şeker, 2 T tam buğday unu ekleyin ve iyice karışana kadar işleyin.

c) 8 inçlik bir turta kalıbını yağla kaplayın ve her biri yaklaşık 2 ton olacak şekilde şeker ve tam buğday unu karışımıyla kaplayacak şekilde serpin. Tofu karışımını turta kalıbına yayın. 400 F'de birkaç dakika pişirin.

d) Ravent karışımını ince bir eleğe dökün ve suyunu boşaltın. Kalan ravent karışımını pişmiş limonlu tofunun üzerine dökün.

31. Limon şerbeti

İÇİNDEKİLER:

- 1 su bardağı taze sıkılmış limon suyu
- 1 bardak su
- 1 su bardağı toz şeker

TALİMATLAR:

a) Bir tencerede su ve şekeri birleştirin. Şeker tamamen eriyene kadar orta ateşte ısıtın ve basit bir şurup oluşturun.

b) Basit şurubu oda sıcaklığına soğumaya bırakın.

c) Taze sıkılmış limon suyunu basit şurupla karıştırın.

d) Karışımı bir dondurma makinesine dökün ve üreticinin talimatlarına göre çalkalayın.

e) Limon şerbetini hava geçirmez bir kaba aktarın ve sertleşene kadar birkaç saat dondurun.

f) Damak tadını temizlemek için yemeklerin arasında küçük bir kaşık limon şerbeti servis edin.

32. Mini Limonlu Tartlets

İÇİNDEKİLER:
TART KABUKLARI İÇİN:
- 1 ¼ bardak çok amaçlı un
- ¼ su bardağı pudra şekeri
- ½ bardak tuzsuz tereyağı, soğuk ve küp şeklinde

LİMON DOLGUSU İÇİN:
- ¾ su bardağı toz şeker
- 2 yemek kaşığı mısır nişastası
- ¼ çay kaşığı tuz
- 3 büyük yumurta
- ½ su bardağı taze sıkılmış limon suyu
- 2 limonun kabuğu rendesi
- ¼ bardak tuzsuz tereyağı, küp şeklinde

TALİMATLAR:

a) Bir mutfak robotunda un ve pudra şekerini birleştirin. Soğuk, küp küp tereyağını ekleyin ve karışım iri kırıntılara benzeyene kadar nabız atın.

b) Karışımı mini tartlet kalıplarına, tabanını ve yanlarını eşit şekilde kaplayacak şekilde bastırın. Alt kısımlarını çatalla delin.

c) Tart kabuklarını buzdolabında yaklaşık 30 dakika kadar soğutun.

d) Fırınınızı önceden 350°F (175°C) ısıtın.

e) Tart kabuklarını 12-15 dakika veya altın rengi kahverengi oluncaya kadar pişirin. Tamamen soğumalarını sağlayın.

f) Bir tencerede şekeri, mısır nişastasını ve tuzu birlikte çırpın. Yumurtaları, limon suyunu ve limon kabuğu rendesini yavaş yavaş çırpın.

g) Karışımı orta-düşük ateşte sürekli karıştırarak koyulaşana kadar yaklaşık 5-7 dakika pişirin.

h) Ateşten alın ve küp şeklinde tereyağını pürüzsüz hale gelinceye kadar karıştırın.

i) Soğuyan tart kalıplarının içini limonlu dolguyla doldurun.

j) Servis etmeden önce en az 1 saat buzdolabında bekletin. İsteğe göre servis yapmadan önce üzerine pudra şekeri serpebilirsiniz.

k) Mini Limonlu Tartletlerinizin tadını çıkarın!

33. Limonlu Beze Pasta Parfeleri

İÇİNDEKİLER:

- 4 büyük yumurta akı
- 1 su bardağı toz şeker
- 1 çay kaşığı mısır nişastası
- 1 çay kaşığı vanilya özü
- 1 ½ su bardağı limonlu lor
- 1 ½ bardak çırpılmış krema
- Garnitür için limon kabuğu rendesi

TALİMATLAR:

a) Temiz bir karıştırma kabında yumurta aklarını yüksek hızda yumuşak tepecikler oluşuncaya kadar çırpın.

b) Sert, parlak tepe noktaları oluşana kadar çırpmaya devam ederken yavaş yavaş şekeri ekleyin.

c) Mısır nişastasını ve vanilya özünü yavaşça katlayın.

d) Beze karışımını yıldız uçlu sıkma torbasına dökün.

e) Bardak veya kaselere servis yaparken limonlu lor, çırpılmış krema ve bezeyi katlayın.

f) Bardaklar dolana kadar katmanları tekrarlayın ve üstte bir beze tabakasıyla bitirin.

g) İsteğe bağlı: Bezeyi hafifçe kızartmak için mutfak lambası kullanın.

h) Limon kabuğu rendesi ile süsleyin.

i) Hemen servis yapın veya servise hazır olana kadar buzdolabında saklayın.

j) Limon kremalı pasta parfelerinizin tadını çıkarın!

34.Limonlu ve Lavantalı Turta

İÇİNDEKİLER:

- 1 su bardağı şeker
- 1 ½ bardak ağır krema
- ½ bardak tam yağlı süt
- 6 büyük yumurta
- ¼ çay kaşığı tuz
- ¼ bardak taze limon suyu
- 1 yemek kaşığı limon kabuğu rendesi
- 2 çay kaşığı kurutulmuş lavanta çiçeği
- Servis için çırpılmış krema ve ilave lavanta çiçekleri

TALİMATLAR:

a) Fırını önceden 325°F'ye ısıtın.

b) Orta boy bir tencerede şekeri orta ateşte ısıtın, sürekli karıştırarak eriyene ve altın kahverengiye dönene kadar pişirin.

c) Eritilmiş şekeri 9 inçlik bir turta kalıbına dökün, kalıbın altını ve yanlarını kaplayacak şekilde döndürün.

d) Küçük bir tencerede kremayı, tam yağlı sütü, limon suyunu, limon kabuğu rendesini ve lavanta çiçeklerini orta ateşte, kaynama noktasına gelene kadar sürekli karıştırarak ısıtın.

e) Ayrı bir kapta yumurtaları ve tuzu birlikte çırpın.

f) Sıcak krema karışımını yavaş yavaş yumurta karışımına dökün ve sürekli çırpın.

g) Karışımı ince delikli bir süzgeçten geçirin ve tart kalıbına dökün.

h) Kalıbı geniş bir fırın kabına yerleştirin ve kalıbın kenarlarının yarısına gelecek kadar sıcak su ile doldurun.

i) 50-60 dakika veya turta sertleşene ve çalkalandığında hafifçe sallanana kadar pişirin.

j) Fırından çıkarın ve en az 2 saat veya gece boyunca soğutmadan önce oda sıcaklığına soğumaya bırakın.

k) Servis yapmak için kalıbın kenarlarına bıçak gezdirin ve servis tabağına ters çevirin. Krem şanti ve bir tutam lavanta çiçeği ile servis yapın.

35. Limon Zabaglione

İÇİNDEKİLER:

- 2 büyük yumurta
- 6 büyük yumurta sarısı
- 1 su bardağı şeker
- 1 yemek kaşığı rendelenmiş limon kabuğu rendesi
- $\frac{1}{4}$ bardak taze limon suyu
- $\frac{1}{2}$ fincan tatlı Madeira, kremalı şeri veya yakut limanı

TALİMATLAR:

a) Çiftli kazanın üst kısmında bütün yumurtaları, yumurta sarısını ve şekeri birleştirin. Karışımı hafif ve kalın hale gelinceye kadar çırpın.

b) Yumurta karışımına rendelenmiş limon kabuğu rendesi, taze limon suyu ve seçtiğiniz tatlı Madeira, kremalı şeri veya yakut portunu ekleyin.

c) Çiftli kazanı kaynayan suyun üzerine yerleştirin, yumurta karışımı kabının tabanının kaynayan suya değmemesini sağlayın.

d) Karışımı, hacmi üç katına çıkana ve dokunulamayacak kadar ısınana kadar kaynayan suyun üzerinde çırpmaya devam edin. Bu birkaç dakika sürecektir.

e) Zabaglione kalınlaşıp hacmi arttığında ocaktan alın.

f) Limonlu zabaglioneyi uzun saplı bardaklara paylaştırın.

g) Limonlu lezzetin tadını çıkarmak için hemen servis yapın.

36. Meyer Limonlu Ters Kek

İÇİNDEKİLER:

- ¼ bardak (57 gram) tuzsuz tereyağı
- ¾ su bardağı (165 gram) paketlenmiş açık kahverengi şeker
- 3 Meyer limonu, ¼ inç kalınlığında dilimlenmiş
- 1 ½ su bardağı (195 gram) çok amaçlı un
- 1 ½ çay kaşığı kabartma tozu
- ¼ çay kaşığı karbonat
- ½ çay kaşığı koşer tuzu
- ¼ çay kaşığı taze çekilmiş hindistan cevizi
- ½ çay kaşığı öğütülmüş zencefil
- ¼ çay kaşığı öğütülmüş kakule
- 1 su bardağı (200 gram) toz şeker
- 2 çay kaşığı limon kabuğu rendesi
- ½ su bardağı (114 gram) tuzsuz tereyağı, oda sıcaklığında
- 2 çay kaşığı vanilya özü
- 2 büyük yumurta, oda sıcaklığı
- ¾ bardak ayran

TALİMATLAR:

a) Fırını 350 Fahrenheit'e (175 santigrat derece) önceden ısıtın. 9 inçlik yuvarlak kek kalıbını, parçalara ayrılmış ¼ fincan tereyağı ile fırına yerleştirin. Tereyağını tavada sadece eriyene kadar eritin. Eritilmiş tereyağını bir hamur fırçası kullanarak tavanın kenarlarına fırçalayın. Paketlenmiş açık kahverengi şekeri eritilmiş tereyağının üzerine eşit şekilde serpin.

b) Meyer limon dilimlerini kahverengi şekerin üzerine, gerektiği gibi üst üste gelecek şekilde yerleştirin.

c) Orta boy bir kapta, çok amaçlı un, kabartma tozu, kabartma tozu, koşer tuzu, taze öğütülmüş hindistan cevizi, öğütülmüş zencefil ve öğütülmüş kakuleyi iyice birleşene kadar çırpın.

d) Stand mikserinin kasesine toz şekeri koyun. Şekerin üzerine limon kabuğu rendesini ekleyin ve parmaklarınızla kabuğu rendesini şekere sürün. Oda sıcaklığındaki tuzsuz tereyağını ve vanilya özünü şekere ekleyin. Karışımı orta hızda hafif ve kabarık olana kadar yaklaşık 3 ila 4 dakika çırpın.

e) Yumurtaları teker teker ekleyin ve her eklemeden sonra iyice çırpın.

f) Un karışımının yarısını tereyağı ve şeker karışımına ekleyin. İyice birleşene kadar düşük hızda karıştırın. Kasenin kenarlarında bir miktar un kalmış olabilir, bu normaldir.

g) Ayranı dökün ve birleşene kadar orta hızda karıştırın.

h) Kalan un karışımını ekleyin ve birleşene kadar düşük hızda karıştırın. Kasenin kenarlarını ve altını bir spatula ile kazıyın ve tüm malzemelerin iyice birleştiğinden emin olmak için 10 saniye daha karıştırın.

i) Karışımı kek kalıbındaki dilimlenmiş limonların üzerine yavaşça dökün ve üzerini spatulayla düzeltin.

j) Pastayı önceden ısıtılmış fırında yaklaşık 45 dakika veya pastanın ortasına batırıldığında temiz çıkana kadar pişirin.

k) Pastayı 10 dakika kadar tavada soğumaya bırakın. Pastayı serbest bırakmak için kenarlarından bir bıçak geçirin ve ardından bir tabağa ters çevirin. Güzelce karamelize edilmiş Meyer limon dilimleri pastanın üzerinde olacak.

l) Üstünde parlak narenciye mücevherleri bulunan bu enfes Meyer Limonlu Ters Kekin tadını çıkarın!

37. Limonlu Saksılar de Creme

İÇİNDEKİLER:

- 2 orta boy limon
- ⅔ su bardağı toz şeker
- 1 yumurta
- 4 yumurta sarısı
- 1 ¼ bardak ağır krema
- 5 çay kaşığı şekerleme şekeri
- 6 adet şekerlenmiş menekşe (isteğe bağlı)

TALİMATLAR:

a) Fırını önceden 325°F'ye (165°C) ısıtın.

b) Yaklaşık 1 çay kaşığı limon kabuğu rendesi elde etmek için limonların kabuğunu rendeleyin. Yarım bardak limon suyunu elde etmek için limonları sıkın.

c) Bir karıştırma kabında toz şeker, yumurta ve yumurta sarılarını iyice birleşene kadar çırpın.

d) Şeker tamamen eriyene kadar ağır kremayı yavaş yavaş çırpın.

e) Pürüzsüz ve topaksız bir muhallebi elde etmek için karışımı süzgeçten geçirin. Karışıma limon aromasını katmak için limon kabuğu rendesini karıştırın.

f) Altı adet ½ fincanlık krema veya sufle kabını derin bir pişirme kabına yerleştirin.

g) Limon karışımını altı adet krema kabına eşit şekilde paylaştırın.

h) Sıcak musluk suyunu, tencerelerin üst kısmının ½ inç yakınına gelecek şekilde pişirme kabına dikkatlice dökün. Bu su banyosu muhallebilerin eşit şekilde pişmesine yardımcı olacaktır.

i) Muhallebileri önceden ısıtılmış fırında üstü açık olarak yaklaşık 35 ila 40 dakika veya ortalarına yerleşinceye kadar pişirin. Muhallebilerin ortaları hafifçe sallandığında hafif bir sallanma göstermelidir.

j) İşlem tamamlandıktan sonra, krema kaplarını su banyosundan dikkatlice çıkarın ve tamamen soğumaları için bir kenara koyun.

SERVİS:

k) Servis yapmadan önce, tatlı bir dokunuş eklemek ve sunumu geliştirmek için her muhallebinin yüzeyine şekerleme şekeri serpin.

l) İsteğe bağlı olarak, zarif ve renkli bir son dokunuş için her kremayı şekerli menekşe ile süsleyin.

m) Lemon Pots de Creme'i soğutulmuş olarak servis edin ve enfes narenciye ve kremsi tatların tadını çıkarın.

38. Limonlu Fransız Makaronları

İÇİNDEKİLER:
MAKARON KABUKLARI İÇİN:
- 100 gr süper ince badem unu
- 75 gr pudra şekeri
- 70 gr (1/3 su bardağı) yumurta akı, oda sıcaklığında
- 1/4 çay kaşığı tartar kreması, isteğe bağlı
- 1/4 çay kaşığı kaba koşer tuzu
- 75 gr süper ince toz şeker
- 1/2 çay kaşığı taze limon suyu
- Sarı jel gıda boyası
- 1 çay kaşığı limon kabuğu rendesi

LİMONLU TEREYAĞI İÇİN:
- 80 gr tuzsuz tereyağı, oda sıcaklığında
- 130 gr elenmiş pudra şekeri
- 1 yemek kaşığı taze limon suyu
- 1 çay kaşığı limon kabuğu rendesi
- 1/8 çay kaşığı iri kaşer tuzu

TALİMATLAR:
MAKARON KABUKLARINI YAPMAK İÇİN:
a) Parşömen kağıdı veya silikon paspaslarla 2 fırın tepsisini sıralayın. (Hava sirkülasyonunun eşit olması için fırın tepsisini ters çevirin.)

b) Badem ununu ve pudra şekerini iki kez birlikte eleyin. Süzgeçte 2 yemek kaşığına kadar iri taneli kuru malzeme kaldıysa değiştirmenize gerek yoktur; sadece bu parçaları atın.

c) Çırpma aparatı olan temiz bir karıştırma kabında, yumurta aklarını orta-düşük hızda köpürene kadar çırpın.

d) Yumurta aklarına kremayı ve tuzu ekleyip çırpmaya devam edin.

e) Mikser çalışırken birer yemek kaşığı toz şekeri yavaş yavaş ekleyin. Her eklemeden sonra şekerin erimesine izin verin.

f) Beze yumuşak zirvelere ulaştığında limon suyu ve birkaç damla sarı jel gıda boyası ekleyin.

g) Yumurta aklarını sert tepecikler oluşuncaya kadar orta-düşük hızda çırpmaya devam edin. Beze çırpıcının içinde top şeklinde olmalı, çırpıcıyı kaldırdığınızda ucu sivri olmalı ve keskin kenarlara sahip olmalıdır.

h) Beze limon kabuğu rendesi ekleyin ve 30 saniye kadar daha çırpın.

i) Badem unu karışımını beze eleyin. Kuru malzemeleri tamamen karışana kadar silikon bir spatula kullanarak beze ekleyin. Daha sonra sekiz rakamı çizecek kadar akıcı olana kadar hamuru katlamaya devam edin. Hamuru kaseye küçük bir miktar damlatarak test edin; zirveler yaklaşık 10 saniye içinde kendi kendine hamur içinde çözülürse hazırdır. Hamuru fazla katlamamaya dikkat edin.

j) Hamuru yuvarlak uçlu bir sıkma torbasına aktarın.

k) Hamur torbasını 90° açıyla tutun ve hazırlanan fırın tepsilerine yaklaşık bir inç aralıklarla yaklaşık 1,5 inçlik yuvarlaklar sıkın. Hava kabarcıklarından kurtulmak için fırın tepsisini tezgaha sıkıca vurun.

l) Makaronları tezgahta en az 15-30 dakika, hamur hafifçe dokunulduğunda parmağınıza yapışmayana kadar bekletin.

m) Fırını önceden 300°F'ye (150°C) ısıtın.

n) Bir tepsi makaronu orta rafta yaklaşık 15-18 dakika kadar pişirin. Pişen makaronlar dokunulabilecek kadar sert olmalı ve tabanı hareket etmemelidir.

o) Makaronları tamamen soğutun ve ardından parşömen kağıdından çıkarın.

LİMONLU TEREYAĞLI KREMİN YAPIMI:

p) Çırpma aparatı olan bir karıştırma kabında, tereyağını kabarıncaya kadar çırpın.

q) Pudra şekeri, limon suyu, limon kabuğu rendesi ve tuzu ekleyin ve iyice birleşene kadar çırpın.

r) Kremayı yuvarlak uçlu veya yıldız uçlu bir sıkma torbasına aktarın.

MAKARONLARI MONTAJLAMAK İÇİN:

s) Soğuyan makarna kabuklarını boyutlarına göre eşleştirip alt kabukları alta gelecek şekilde tel ızgara üzerine dizin.

t) Alt kabukların üzerine bir parça limonlu tereyağlı krema sıkın ve üst kabuğu dolgunun üzerine yerleştirin, dolguyu kenarlara yaymak için hafifçe bastırın.

u) Doldurduğunuz makaronları hava geçirmez bir kapta buzdolabında en az 24 saat bekleterek olgunlaştırın, dolgunun kabukları yumuşatmasını ve tatlandırmasını sağlayın.

v) Servis yapmak için makarnaları servisten yaklaşık 30 dakika önce çıkarın.

w) Makaronları buzdolabında hava geçirmez bir kapta 5 güne kadar saklayın veya 6 aya kadar dondurun.

39. Limonlu Brûlée Tart

İÇİNDEKİLER:
KABUĞU İÇİN:
- 1 ½ bardak graham kraker kırıntısı
- 6 yemek kaşığı tuzsuz tereyağı, eritilmiş
- ¼ su bardağı toz şeker

DOLGU İÇİN:
- 4 yumurta sarısı
- 1 kutu (14 ons) şekerli yoğunlaştırılmış süt
- ½ su bardağı taze limon suyu
- 1 yemek kaşığı rendelenmiş limon kabuğu rendesi

ÜSTÜ İÇİN:
- Karamelize etmek için toz şeker

TALİMATLAR:
a) Fırınınızı önceden 350°F (175°C) ısıtın.

b) Bir kapta graham kraker kırıntılarını, eritilmiş tereyağını ve şekeri birleştirin. Karışımı tart kalıbının tabanına ve yanlarına doğru bastırın.

c) Ayrı bir kapta yumurta sarılarını, şekerli yoğunlaştırılmış sütü, limon suyunu ve limon kabuğu rendesini iyice birleşene kadar çırpın.

d) Hazırlanan kabuğun içine limon dolgusunu dökün.

e) Yaklaşık 15-20 dakika veya dolgu hazır olana kadar pişirin.

f) Fırından çıkarın ve oda sıcaklığına soğumasını bekleyin. Daha sonra en az 2 saat veya soğuyuncaya kadar buzdolabında saklayın.

g) Servis yapmadan hemen önce tartın üzerine ince bir tabaka toz şeker serpin. Şekeri gevrek bir kabuk oluşana kadar karamelize etmek için bir mutfak lambası kullanın.

h) Şekerin birkaç dakika sertleşmesini bekleyin, ardından dilimleyip servis yapın.

40. Şekerleme ile Limonlu Buz Brûlée

İÇİNDEKİLER:

- 1 bardak ağır krema
- 1 bardak tam yağlı süt
- 4 yumurta sarısı
- ½ su bardağı toz şeker
- 1 yemek kaşığı rendelenmiş limon kabuğu rendesi
- ¼ bardak limon suyu
- ½ fincan şekerleme parçaları
- Karamelize etmek için toz şeker
- Ahududu, servis için

TALİMATLAR:

a) Bir tencerede ağır kremayı, tam yağlı sütü ve limon kabuğu rendesini orta ateşte kaynamaya başlayıncaya kadar ısıtın. Ateşten alın.

b) Ayrı bir kapta yumurta sarılarını, şekeri ve limon suyunu iyice karışana kadar çırpın.

c) Sıcak krema karışımını yavaş yavaş yumurta sarısı karışımına dökün ve sürekli çırpın.

d) Karışımı tekrar tencereye alın ve kısık ateşte sürekli karıştırarak koyulaşıp kaşığın arkasını kaplayana kadar pişirin. Kaynamasına izin vermeyin.

e) Ateşten alın ve karışımın oda sıcaklığına soğumasını bekleyin. Daha sonra en az 4 saat veya bir gece buzdolabında bekletin.

f) Soğutulmuş karışımı bir dondurma makinesine dökün ve üreticinin talimatlarına göre çalkalayın.

g) Çalkalamanın son birkaç dakikasında şekerleme parçalarını ekleyin ve eşit şekilde dağılıncaya kadar çalkalamaya devam edin.

h) Çalkalanan dondurmayı bir kaba aktarın ve donması için en az 2 saat dondurun.

i) Servis yapmadan hemen önce her porsiyonun üzerine ince bir tabaka toz şeker serpin. Şekeri gevrek bir kabuk oluşana kadar karamelize etmek için bir mutfak lambası kullanın.

j) Şekerin birkaç dakika sertleşmesine izin verin, ardından servis yapın ve keyfini çıkarın.

41.Limonlu Lor Gelato

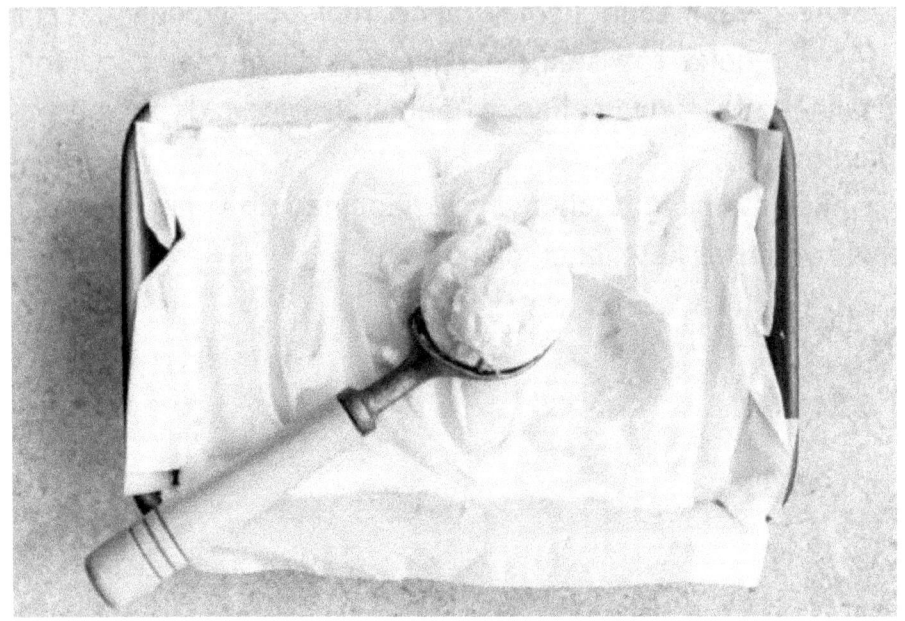

İÇİNDEKİLER:

- 500 ml İkili Krem
- 395 ml Yoğunlaştırılmış Süt konservesi
- 2 çay kaşığı Vanilya Ekstraktı
- 2 yemek kaşığı Limoncello (isteğe bağlı)
- 320 gram limonlu lor

TALİMATLAR:

a) Krema, süt ve vanilyayı bir kaseye dökün ve yumuşak tepeler oluşuncaya kadar çırpın.

b) Karışımı dondurulabilir bir kaba dökün ve bir saat boyunca dondurucuya koyun.

c) Bir saat sonra dondurucudan çıkarın ve limonlu lor ve limoncello ile karıştırın. İyice karıştırdıktan sonra 4 saat daha dondurucuya koyun.

d) Dondurucudan çıkarıp servis yapın.

42.Petek Limonlu Kek

İÇİNDEKİLER:
KEK İÇİN:
- 2 fincan çok amaçlı un
- 2 çay kaşığı kabartma tozu
- ½ çay kaşığı karbonat
- ¼ çay kaşığı tuz
- ½ bardak tuzsuz tereyağı, yumuşatılmış
- 1 su bardağı toz şeker
- 3 büyük yumurta
- 2 limonun kabuğu rendesi
- ¼ bardak taze limon suyu
- ½ bardak ayran
- ¼ bardak bal
- 1 çay kaşığı vanilya özü

PETEK DOLGUSU İÇİN:
- 1 su bardağı petek şekeri, küçük parçalara bölünmüş

LİMON SIRASI İÇİN:
- 1 su bardağı pudra şekeri
- 2 yemek kaşığı taze limon suyu

TALİMATLAR:
a) Fırınınızı önceden 350°F (175°C) ısıtın. 9 inçlik yuvarlak kek kalıbını yağlayın ve unlayın.

b) Orta boy bir kapta un, kabartma tozu, kabartma tozu ve tuzu birlikte çırpın. Bir kenara koyun.

c) Büyük bir karıştırma kabında yumuşatılmış tereyağını ve toz şekeri hafif ve kabarık olana kadar krema haline getirin.

d) Yumurtaları birer birer çırpın, ardından limon kabuğu rendesi ve limon suyunu ekleyin.

e) Tereyağ karışımına ayran, bal ve vanilya özütünü ekleyin ve iyice birleşene kadar karıştırın.

f) Kuru malzemeleri yavaş yavaş ıslak malzemelere ekleyin ve birleşene kadar karıştırın. Fazla karıştırmamaya dikkat edin.

g) Hazırlanan kek kalıbına kek hamurunun yarısını dökün ve eşit şekilde yayalım.

h) Ezilmiş bal peteği şekerini hamurun üzerine serperek eşit bir dağılım sağlayın.

i) Kalan kek hamurunu petek şekeri tabakasının üzerine dökün ve dolguyu kaplayacak şekilde yayın.

j) Önceden ısıtılmış fırında 30-35 dakika veya ortasına batırdığınız kürdan temiz çıkana kadar pişirin.

k) Pastayı fırından çıkarın ve 10 dakika boyunca tavada soğumasını bekleyin, ardından tamamen soğuması için tel ızgaraya aktarın.

l) Kek soğurken, pudra şekeri ve taze limon suyunu pürüzsüz hale gelinceye kadar çırparak limon sırını hazırlayın.

m) Kek soğuduktan sonra limonlu kremayı kekin üzerine gezdirin.

n) Lezzetli Petek Limonlu Kek'i dilimleyip servis edin.

43. Limonlu lor köpüğü

İÇİNDEKİLER:

- $\frac{1}{2}$ fincan Ağır krema
- $\frac{1}{2}$ bardak limonlu lor, hazırlanmış
- Taze yaban mersini, durulanmış ve kurutulmuş
- Süslemek için taze nane dalları

TALİMATLAR:

a) Soğutulmuş çırpıcılarla ağır kremayı kalınlaşana kadar çırpın. Çırpılmış kremayı limonlu lorun içine katlayın.

b) Limon köpüğünü yaban mersini ile karıştırın.

c) Veya bir şarap bardağına köpük, taze yaban mersini ve köpük katlayın; taze nane ile süsleyin.

44. Limon Semifreddo

İÇİNDEKİLER:

- 4 yumurta sarısı
- ½ su bardağı toz şeker
- 1 bardak ağır krema
- 2 limonun kabuğu rendesi
- 1 yemek kaşığı taze biberiye yaprağı, ince doğranmış

TALİMATLAR:

a) Büyük bir karıştırma kabında yumurta sarılarını ve şekeri krema kıvamına gelinceye kadar çırpın.

b) Ayrı bir kapta, ağır kremayı yumuşak tepeler oluşuncaya kadar çırpın.

c) Limon kabuğu rendesini ve doğranmış biberiyeyi çırpılmış kremaya yavaşça katlayın.

d) Çırpılmış krema karışımını yavaş yavaş yumurta sarısı karışımına ekleyin, iyice birleşene kadar yavaşça katlayın.

e) Karışımı bir somun tavasına veya bireysel ramekinlere dökün.

f) En az 6 saat veya gece boyunca dondurun.

g) Servis yapmak için dondurucudan çıkarın ve dilimlemeden önce birkaç dakika oda sıcaklığında bekletin.

45. Limonlu Dondurma Sandviçleri

İÇİNDEKİLER:

- 1 ½ su bardağı çok amaçlı un
- ½ çay kaşığı karbonat
- ¼ çay kaşığı tuz
- ½ bardak tuzsuz tereyağı, yumuşatılmış
- ½ su bardağı toz şeker
- ½ su bardağı paketlenmiş esmer şeker
- 1 büyük yumurta
- 1 çay kaşığı vanilya özü
- 1 limon kabuğu rendesi ve
- 1 litre limonlu dondurma

TALİMATLAR:

a) Fırınınızı önceden 375°F'ye (190°C) ısıtın ve fırın tepsisini parşömen kağıdıyla kaplayın.

b) Bir kapta un, kabartma tozu ve tuzu birlikte çırpın.

c) Ayrı bir karıştırma kabında yumuşatılmış tereyağını, toz şekeri ve esmer şekeri hafif ve kabarık olana kadar krema haline getirin. Yumurtayı, vanilya özütünü ve limon kabuğu rendesini ekleyin ve iyice birleşene kadar karıştırın.

d) Kuru malzemeleri yavaş yavaş tereyağı karışımına ekleyin ve birleşene kadar karıştırın. Taze yaban mersinlerini yavaşça katlayın.

e) Hazırlanan fırın tepsisine yuvarlak yemek kaşığı dolusu hamur bırakın ve aralarında yaklaşık 2 inç boşluk bırakın. Her hamur topunu avucunuzun içinde hafifçe düzleştirin.

f) 10-12 dakika veya kenarları altın rengi kahverengi olana kadar pişirin. Çerezlerin tamamen soğumasını bekleyin.

g) Bir kaşık limonlu dondurma alın ve iki kurabiyenin arasına sıkıştırın.

h) Dondurmalı sandviçleri servis yapmadan önce sertleşmesi için en az 1 saat dondurucuya koyun.

SIR VE DONDURMA

46. Limon Sır

İÇİNDEKİLER:

- 1 su bardağı pudra şekeri
- 2 yemek kaşığı taze sıkılmış limon suyu
- 1 çay kaşığı limon kabuğu rendesi

TALİMATLAR:

a) Küçük bir kapta pudra şekeri, limon suyu ve limon kabuğu rendesini pürüzsüz hale gelinceye kadar çırpın.

b) Gerektiğinde daha fazla pudra şekeri veya limon suyu ekleyerek kıvamını ayarlayın.

c) Limonlu sosu tatlınızın üzerine gezdirin ve servis yapmadan önce soğumasını bekleyin.

47. Ahududu Limonata Sır

İÇİNDEKİLER:

- 1 su bardağı pudra şekeri
- 2 yemek kaşığı ahududu püresi (süzülmüş)
- 1 yemek kaşığı taze sıkılmış limon suyu
- Limon kabuğu rendesi (isteğe bağlı, garnitür için)

TALİMATLAR:

a) Küçük bir kapta pudra şekeri, ahududu püresi ve limon suyunu pürüzsüz hale gelinceye kadar çırpın.

b) Gerektikçe daha fazla pudra şekeri veya ahududu püresi ekleyerek kıvamını ayarlayın.

c) Ahududulu limonata sırını tatlınızın üzerine gezdirin ve isterseniz limon kabuğu rendesi serpin.

d) Servis yapmadan önce sırın sertleşmesine izin verin.

48. Limonlu Tereyağlı Krema

İÇİNDEKİLER:

- 1 su bardağı tuzsuz tereyağı, yumuşatılmış
- 4 su bardağı pudra şekeri
- 2 yemek kaşığı taze sıkılmış limon suyu
- 1 yemek kaşığı limon kabuğu rendesi
- 1 çay kaşığı vanilya özü

TALİMATLAR:

a) Bir karıştırma kabında yumuşatılmış tereyağını pürüzsüz hale gelinceye kadar kremalayın.

b) Her seferinde yaklaşık 1 bardak olacak şekilde pudra şekerini yavaş yavaş ekleyin ve her eklemeden sonra iyice karıştırın.

c) Tereyağ karışımına limon suyu, limon kabuğu rendesi ve vanilya özünü ekleyin. Pürüzsüz ve kremsi bir kıvama gelinceye kadar karıştırın.

d) Daha sert bir krema için daha fazla pudra şekeri veya daha ince bir krema için daha fazla limon suyu ekleyerek kıvamı ayarlayın.

e) Limonlu tereyağını soğutulmuş keklerin veya keklerin üzerine sürün veya sıkın.

49. Limonlu Haşhaş Tohumu Sırlaması

İÇİNDEKİLER:

- 1 su bardağı tuzsuz tereyağı, yumuşatılmış
- 4 su bardağı pudra şekeri
- 2 yemek kaşığı taze sıkılmış limon suyu
- 2 çay kaşığı limon kabuğu rendesi
- 1 yemek kaşığı haşhaş tohumu

TALİMATLAR:

a) Bir karıştırma kabında yumuşatılmış tereyağını pürüzsüz hale gelinceye kadar kremalayın.

b) Her seferinde bir bardak olacak şekilde pudra şekerini yavaş yavaş ekleyin ve iyice karışana kadar çırpmaya devam edin.

c) Limon suyunu, limon kabuğu rendesini ve haşhaş tohumlarını ilave edin. Tamamen karışana kadar karıştırın.

d) Limonlu haşhaş tohumlu kremayı soğutulmuş keklerin veya keklerin üzerine yayın veya sıkın.

LİMONATALAR

50. Klasik Taze Sıkılmış Limonata

İÇİNDEKİLER:

- 8 büyük limonun suyu
- 6 bardak su
- $1\frac{1}{4}$ su bardağı toz şeker
- 1 limon, dilimlenmiş

TALİMATLAR :

a) Büyük bir sürahide limon suyunu su ve şekerle birleştirin.

b) Şeker eriyene kadar karıştırın. Soğuyuncaya kadar buzdolabında, yaklaşık 1 saat.

c) Limonatayı buzun üzerine dökün ve servis yapmadan önce her bardağa bir limon dilimi ekleyin.

51. Pembe Greyfurt Limonatası

İÇİNDEKİLER:

- 50 gr altın teker şurubu
- ¼ çay kaşığı Himalaya veya kaba deniz tuzu
- 4 adet Florida pembe greyfurt, suyu sıkılmış, servis için ekstra dilimlerle birlikte
- 2 limon, suyu sıkılmış

TALİMATLAR:

a) Küçük bir tencerede altın şurubu ve 100 ml suyu birleştirin. Karışımı kaynama noktasına getirin, şekeri çözmek için karıştırın. Soğuması için bir kenara koyun.

b) Büyük bir sürahiye 400 ml su ekleyin ve üzerine buz ekleyin.

c) Soğutulmuş şeker şurubunu sürahideki buz ve suyun üzerine dökün.

d) Sürahiye Himalaya veya kaba deniz tuzunu, taze sıkılmış pembe greyfurt suyunu ve limon suyunu ekleyin.

e) Tüm malzemeleri birleştirmek için karışımı iyice karıştırın.

f) Ferahlatıcı ve keskin bir narenciye ikramı için Pembe Greyfurt Limonatasını pembe greyfurt dilimleriyle süslenmiş bardaklarda servis edin. Eğlence!

52. Ahududu Limonata Mimozalar

İÇİNDEKİLER:

- 3 ons şampanya
- 3 ons ahududu limonatası
- Pembe veya kırmızı şeker serpintileri
- 2-3 Taze ahududu

TALİMATLAR:

a) Bardakların kenarlarını süslemek için: Bir tabağa veya sığ bir kaseye az miktarda ahududu limonatası dökün. Aynısını ayrı bir tabağa pembe veya kırmızı şeker serpintileriyle yapın.

b) Şampanya kadehinin kenarını ahududu limonatasına batırın ve tüm kenarını kapladığından emin olun.

c) Daha sonra, dekoratif bir şeker kenarı oluşturmak için bardağın kaplamalı kenarını renkli şekere batırın.

d) Ahududu limonatasını ve şampanyayı hazırlanan bardağa dökün ve tatları karıştırmak için hafifçe karıştırın.

e) Ekstra meyve aroması için kokteyle 2-3 taze ahududu ekleyin.

f) Ahududu Limonata Mimozalarınızı servis edin ve kızlarla brunch'ınızda bu enfes ve canlandırıcı kokteylin tadını çıkarın.

53. Çilekli Limonata Spritzer

İÇİNDEKİLER:

- 1 su bardağı taze çilek, kabuğu soyulmuş ve dilimlenmiş
- ½ su bardağı taze limon suyu
- ¼ su bardağı toz şeker
- 2 bardak maden suyu
- Buz küpleri
- Süslemek için taze nane yaprakları

TALİMATLAR:

a) Bir karıştırıcıda çilekleri, limon suyunu ve şekeri birleştirin. Pürüzsüz olana kadar karıştır.

b) Tohumları çıkarmak için karışımı ince gözenekli bir elek ile süzün.

c) Bardaklara buz küplerini doldurun ve çilek-limon karışımını buzun üzerine dökün.

d) Her bardağı maden suyuyla doldurun ve yavaşça karıştırın.

e) Taze nane yapraklarıyla süsleyip servis yapın.

54. Ejder Meyveli Limonata

İÇİNDEKİLER:

- 1 büyük ejderha meyvesi - pembe veya beyaz et, kabuğu çıkarılmış
- 5 bardak su
- $\frac{1}{2}$ bardak agave nektarı veya akçaağaç şurubu
- 1 su bardağı taze sıkılmış limon suyu

TALİMATLAR:

a) Ejder meyvesini 1 bardak su ile istenilen dokuyu elde edene kadar karıştırın.

b) Ejder meyvesi karışımını limonata sürahisine aktarın ve kalan 4 bardak suyu, limon suyunu ve tatlandırıcıyı ekleyin. Gerekirse tatlandırıcıyı ve/veya suyu karıştırın, tadın ve ayarlayın.

c) Buz küpleriyle doldurulmuş bir bardağın üzerinde hemen servis edilebilir.

d) Servis yapmadan önce buzdolabında soğutun ve iyice karıştırın. Eğlence!

55. Kivi Limonatası

İÇİNDEKİLER:

- 4 kivi, soyulmuş
- 12 onsluk dondurulmuş limonata konsantresi kutusu, çözülmüş
- 3 bardak gazlı limonlu limonlu içecek, soğutulmuş

TALİMATLAR:

a) Kiviyi parçalara ayırın.

b) Meyve parçalarını ve limonata konsantresini bir mutfak robotunda pürüzsüz hale gelinceye kadar işleyin.

c) Karışımı bir tel süzgeçten geçirerek katıları attığınız bir sürahiye dökün.

d) Servis yapmadan hemen önce limonlu içeceği karıştırın.

56. Ahududu Kefir Limonatası

İÇİNDEKİLER:

- ½ bardak taze veya çözülmüş dondurulmuş ahududu
- ⅔ bardak taze sıkılmış limon suyu
- ½ bardak agav şurubu
- 3 su bardağı kefir

TALİMATLAR:

a) Tüm malzemeleri yüksek hızlı bir karıştırıcıya yerleştirin ve pürüzsüz hale gelinceye kadar karıştırın.

b) Plastik bir süzgeçten geçirerek sürahiye boşaltın. Buz üzerinde servis yapın.

c) 2 gün buzdolabında bekleteceğiz.

57. Ahududu ve Rezene Limonatası

İÇİNDEKİLER:

- 8 ons su
- 8 ons ahududu + süslemek için ekstra
- 4 yemek kaşığı şeker
- 1 çay kaşığı rezene tohumu
- 2 limonun suyu
- donmuş su

TALİMATLAR:

a) Bir tencerede veya tencerede ahududuları şeker, rezene tohumu ve suyla birleştirin ve orta ateşte kaynatın.
b) Ahududular püre haline gelinceye kadar pişirin.
c) Oda sıcaklığına soğumasına izin verin.
d) Ahududu karışımını pürüzsüz bir püre haline gelinceye kadar karıştırın. Süzün ve limon suyuyla karıştırın.
e) Üzerine soğuk su ilave ederek servis yapın.
f) Ayırdığınız ahududularla süsleyin.

58. Erikli Limonata

İÇİNDEKİLER:

- 32 ons su, bölünmüş
- 2-3 bütün yıldız anason
- 10 ons şeker
- 3 adet taze kırmızı erik, çekirdekleri çıkarılmış
- 2 limon, iyice temizlenmiş ve yarıya bölünmüş
- Servis için buz küpleri

TALİMATLAR:

a) Bir tencerede 16 ons (2 bardak) su ve yıldız anasonu birleştirin.

b) Kaynatın ve suya yıldız anason aromasını katmak için birkaç dakika kaynamaya bırakın. Ateşten alıp soğumaya bırakın.

c) Ayrı bir tencerede şekeri kalan 16 ons (2 bardak) suyla birleştirerek basit bir şurup hazırlayın.

d) Tatlandırıcı tamamen eriyene kadar karıştırarak orta ateşte ısıtın. Ateşten alıp soğumaya bırakın.

e) Hem yıldız anasonlu su hem de basit şurup soğuduktan sonra bunları bir sürahide birleştirin.

f) Çekirdekleri çıkarılmış kırmızı erikleri bir karıştırıcıda pürüzsüz hale gelinceye kadar püre haline getirin.

g) Yarıya bölünmüş limonların suyunu erik püresiyle birlikte blendere sıkın.

h) Erik ve limon karışımını, yıldız anasonlu su ve basit şurupla birlikte sürahiye ekleyin. Her şeyi iyice karıştırın.

i) Erik limonatasını iyice soğuyana kadar buzdolabında saklayın.

j) Servis etmek için bardaklara buz küplerini doldurun ve erikli limonatayı buzun üzerine dökün. İsterseniz ilave erik dilimleri, limon dilimleri veya yıldız anasonla süsleyin.

k) Eşsiz bir dokunuşa sahip, lezzetli ve canlandırıcı bir içecek olan ev yapımı Erik Limonatanızın tadını çıkarın!

59. Narlı Limonata

İÇİNDEKİLER:

- ½ bardak basit şurup veya agav tatlandırıcısı
- ½ su bardağı limon suyu
- 1 su bardağı nar suyu
- 1 bardak soğuk su
- 1 bardak kırılmış buz
- Bir tutam tuz

JANT İÇİN:

- 1 limon dilimi
- ¼ çay kaşığı kızarmış kimyon
- 1 çay kaşığı şeker
- ⅛ çay kaşığı tuz

TALİMATLAR:

a) Bir karıştırma kabında basit şurubu (veya agav tatlandırıcısını), limon suyunu, nar suyunu, bir tutam tuzu ve soğuk suyu iyice birleşene kadar karıştırın.

b) Karışımı kırılmış buzla dolu bir sürahiye dökün.

c) Bardağınızı çerçevelemek için limon dilimini alın ve bardağın kenarına ince bir tabaka limon suyuyla kaplayacak şekilde sürün.

d) Bir tabakta kızartılmış kimyonu, şekeri ve tuzu karıştırın.

e) Bardağın kenarını kimyon-şeker-tuz karışımına batırın ve bardağın kenarını kaplayacak şekilde çevirin.

f) Taze yaptığınız Narlı Limonatayı çerçeveli bardağa dökün.

g) Canlı ve tatlı ekşili Narlı Limonatanızı hemen servis edin ve klasik limonatanın nefis nar ilavesiyle canlandırıcı yorumunun tadını çıkarın!

60. Vişneli Limonata

İÇİNDEKİLER:

- 1 kilo taze vişne (bir kaç tanesini süslemek için ayırın)
- 2 su bardağı şeker
- 8 bardak su
- 6 ila 8 limon, ayrıca garnitür için ekstra

TALİMATLAR:

a) Orta boy bir tencerede vişneleri, şekeri ve 3 bardak suyu birleştirin.

b) 15 dakika pişirin, ardından oda sıcaklığına soğumasını bekleyin.

c) Karışımı ince gözenekli bir süzgeçten süzün.

d) 1 ½ bardak limon suyu elde edecek kadar limonun suyunu sıkın.

e) Vişne suyunu, limon suyunu ve yaklaşık 5-6 bardak soğuk suyu (damak tadınıza göre ayarlayın) birleştirin.

f) İyice karıştırın ve istenirse ekstra lezzet için ince limon dilimleri ve taze kiraz ekleyin.

61.Yaban Mersinli Limonata

İÇİNDEKİLER:

- 2 bardak taze yaban mersini, ayrıca garnitür için ekstra
- 1 su bardağı taze sıkılmış limon suyu
- $\frac{1}{2}$ su bardağı toz şeker
- $\frac{1}{4}$ çay kaşığı tuz
- 4 bardak su

TALİMATLAR:

a) Taze yaban mersini, limon suyunu, toz şekeri ve tuzu bir karıştırıcıda birleştirin.

b) Karışımı iyice birleşene kadar işleyin; bu yaklaşık 45 saniye sürecektir.

c) Harmanlanmış karışımı ince gözenekli bir süzgeçten geçirerek büyük bir sürahiye dökün ve tüm katı maddeleri çıkarın; katıları atın.

d) Tamamen karışana kadar suyu karıştırın.

e) Yaban mersinli limonatayı 8 adet buz dolu bardağa paylaştırın ve istenirse ilave yaban mersini ile süsleyin.

f) Serinletici ev yapımı yaban mersinli limonatanızın tadını çıkarın!

62. Dikenli Armut Suyu Köpüklü Limonata

İÇİNDEKİLER:

- 4 limonun suyu
- ⅓ bardak soğuk dikenli armut şurubu
- 2 bardak soğuk maden suyu
- ½ bardak şeker

TALİMATLAR:

a) Bir kapta soğuk taze sıkılmış limon suyunu, soğuk dikenli armut şurubunu ve soğuk maden suyunu birleştirin. Eşit bir karışım sağlamak için iyice karıştırın.

b) Köpüklü limonatayı buz üzerinde servis edin ve isterseniz her bardağı bir dilim limonla süsleyin.

c) Gerçekten taze ve lezzetli bir içecek olan canlandırıcı Dikenli Armut Suyu Köpüklü Limonatanızın tadını çıkarın!

63.Siyah Üzüm Limonatası

İÇİNDEKİLER:

- 4 su bardağı çekirdeksiz siyah üzüm
- 1 ½ bardak şeker, bölünmüş
- 7-8 bardak soğuk su (bölünmüş)
- 3 limonun kabuğu rendesi
- 7 limonun suyu (yaklaşık 1 su bardağı)

TALİMATLAR:

a) Büyük bir tencerede siyah üzümleri, 1 su bardağı suyu, 1 su bardağı şekeri ve limon kabuğu rendesini birleştirin.

b) Üzümler yumuşadıkça ezerek bu karışımı orta ateşte pişirin.

c) Üzümlerin tamamı ezildikten sonra, üzüm kabuklarının daha fazla renk alması için karışımın 10-15 dakika daha hafifçe kaynamasına izin verin.

d) Tencereyi ocaktan alın ve karışımı süzerek katıları atın.

e) Üzüm karışımını sürahiye ekleyin.

f) Limon suyunu ve kalan soğuk suyu ve şekeri karıştırın. Tercihinize göre su ve şeker miktarını tadın ve ayarlayın.

g) Karışımı soğuyuncaya kadar buzdolabında bekletin. (Ertesi gün daha koyu bir tat geliştirir.)

h) Taze siyah üzüm limonatanızı buz üzerinde servis edin ve ferahlatıcı lezzetin tadını çıkarın!

i) Bu enfes ev yapımı yaratımın tadını çıkarın.

64. Lychee Limonata

İÇİNDEKİLER:

- 20 Lychee
- 1 yemek kaşığı Limon Suyu
- 6 Nane Yaprağı
- ¼ çay kaşığı Siyah Tuz
- 4 Buz Küpü

TALİMATLAR:

a) Tüm liçileri soyun, çekirdeklerini çıkarın ve bir karıştırıcıya veya karıştırıcıya yerleştirin. Bunları kalın bir meyve suyuna karıştırın.

b) Bir bardakta biraz nane yaprağını limon suyu ve siyah tuzla karıştırın.

c) Bardağa buz küpleri ekleyin ve liçi suyunu dökün. Servis yapmadan önce iyice karıştırın.

d) Lychee limonatanızı yanında bir dilim limonla süsleyin.

e) Enfes bir Hint kokteyli olan canlandırıcı ev yapımı Lychee Limonatanızın tadını çıkarın!

65. Elma ve Kale Limonata e

İÇİNDEKİLER:

- 1 bardak ıspanak
- $\frac{1}{2}$ limon
- 1 limon
- 1 parça zencefil (taze)
- 2 kereviz sapı (yapraklarını çıkarın)
- 2 yeşil elma
- 4 lahana yaprağı

TALİMATLAR :

a) Tüm meyve ve sebzeleri yıkayın ve ardından kağıt havluyla kurulayın.

b) Limonu, limonu, zencefili ve elmaları soyun.

c) Tüm malzemeleri meyve sıkacağınızın besleme kanalına sığacak büyüklükte parçalar halinde kesin.

d) Meyve ve sebze parçalarını meyve sıkacağınıza yerleştirin. Taze meyve suyu akmaya başlayana kadar meyve sıkacağı üzerine bastırın. Malzemelerin suyunu sıkmak, sahip olduğunuz meyve sıkacağı türüne bağlı olacaktır.

66. Ravent limonatası

İÇİNDEKİLER:

- 4 bardak su
- ½ bardak Akçaağaç şurubu
- 1 pound ravent (gerekirse soyulmuş, doğranmış)
- 3 su bardağı sıcak su
- Buz küpleri
- Süsleyin: portakal dilimleri veya nane dalları

TALİMATLAR:

a) Bir tencerede 4 bardak suyu kaynatın; Ateşten alın, akçaağaç şurubunu çırpın ve soğumaya bırakın.

b) Bir mutfak robotunda doğranmış raventi püre haline gelinceye kadar çekin.

c) Orta boy bir leğende ravent posasının üzerine 3 bardak sıcak suyu dökün ve üzerini örtün.

d) Tenceredeki akçaağaç şurubu suyunun üzerine bir süzgeç yerleştirin. Ravent posasını bir elek kullanarak Akçaağaç şurubu-su karışımına süzün. Ravent sıvısını ve Akçaağaç şurubu suyunu birleştirmek için bunları birlikte çırpın. Bir sürahiyi yarısına kadar suyla doldurun.

e) Kokteyli buz küpleriyle dolu dört uzun bardağa dökün.

f) Garnitür olarak portakal dilimi veya bir tutam nane ile servis yapın.

67. Turp Limonatası

İÇİNDEKİLER:

- 1 bardak turp, kesilmiş ve doğranmış
- 4 bardak su
- $\frac{1}{2}$ su bardağı taze sıkılmış limon suyu
- $\frac{1}{4}$ bardak bal veya tercih edilen tatlandırıcı
- Buz küpleri
- Süslemek için taze nane yaprakları

TALİMATLAR:

a) Bir karıştırıcıda turpları ve suyu birleştirin. Pürüzsüz olana kadar karıştır.

b) Karışımı ince gözenekli bir elek ile sürahiye süzün.

c) Sürahiye limon suyu ve bal ekleyin ve iyice birleşene kadar karıştırın.

d) Buz küpleri üzerinde servis yapın ve taze nane yapraklarıyla süsleyin.

68. Salatalıklı Limonata Lokumu

İÇİNDEKİLER:

- 1 ½ bardak taze sıkılmış limon suyu, garnitür için ekstra
- 1 bardak soyulmuş ve çekirdekleri çıkarılmış salatalık, garnitür için ekstra
- 1 su bardağı toz şeker (veya hindistan cevizi şekeri)
- 6 bardak su (bölünmüş)
- buz

TALİMATLAR:

a) Limonların suyunu sıkarak başlayın.

b) Salatalığı soyun ve bir kaşık yardımıyla çekirdeklerini çıkarın. (İngiliz salatalığı kullanıyorsanız bu adımı atlayabilirsiniz.)

c) Salatalığı, şekeri ve 2 bardak ılık suyu blendera koyun. Pürüzsüz bir kıvam elde edinceye kadar karıştırın. Sıvıyı itmek için bir spatula kullanarak karışımı ince gözenekli bir elekten geçirerek bir sürahiye süzün. Hamuru atın; bu işlemin tamamlanması birkaç dakika sürebilir.

d) Salatalık karışımının bulunduğu sürahiye 4 bardak soğuk su ve taze sıkılmış limon suyunu ekleyin.

e) Birkaç avuç buz ekleyip servis yapın. İstenirse ekstra salatalık dilimleri ve limon dilimleri ile süsleyin.

f) Salatalık limonatasının canlandırıcı iyiliğinin tadını çıkarın!

69. Naneli Kale Limonatası

İÇİNDEKİLER:

- 500 ml veya 2 bardak limonata (veya portakal suyu da kullanabilirsiniz)
- 1 lahana sapı
- Küçük bir avuç nane yaprağı
- 6 buz küpü

TALİMATLAR:

a) Sapını lahanadan çıkarın ve parçalara ayırın. Buz küpleri dahil tüm malzemeleri blendera koyun.

b) Karışım pürüzsüz ve köpüklü hale gelinceye ve renk tekdüze bir yeşil olana kadar karıştırın.

c) Serinletici karışımı bardaklara dökün ve ekstra bir dokunuş için bir buz küpü ve bir dilim limon ekleyin.

d) Canlandırıcı Minty Kale Limonatanızın tadını çıkarın!

70. Pancar Limonatası

İÇİNDEKİLER:

- 2 orta boy pancar, pişmiş ve soyulmuş
- 1 su bardağı taze sıkılmış limon suyu (yaklaşık 6-8 limondan)
- ½ su bardağı toz şeker (damak tadınıza göre ayarlayın)
- 4 su bardağı soğuk su
- Buz küpleri
- Garnitür için limon dilimleri ve nane yaprakları (isteğe bağlı)

TALİMATLAR:

a) Pancarları haşlayarak veya kızartarak pişirebilirsiniz. Kaynatmak için bir tencereye su koyun, kaynatın ve çatalla yumuşayana kadar yaklaşık 30-40 dakika pişirin.

b) Kızartmak için bunları alüminyum folyoya sarın ve 200°C (400°F) fırında yumuşayana kadar yaklaşık 45-60 dakika kızartın.

c) Pişen pancarları soğumaya bırakın, ardından soyun ve parçalara ayırın.

d) Pişirilmiş ve doğranmış pancarları bir blender veya mutfak robotuna yerleştirin.

e) Pürüzsüz bir pancar püresi elde edene kadar karıştırın. Gerekirse karıştırmaya yardımcı olması için bir çorba kaşığı veya iki su ekleyebilirsiniz.

f) 1 bardak taze limon suyu elde edecek kadar limonu sıkın.

g) Bir sürahide pancar püresini, taze sıkılmış limon suyunu ve toz şekeri karıştırın.

h) Şeker tamamen eriyene kadar karıştırın.

i) 4 su bardağı soğuk suyu ekleyip iyice karıştırın. Şekeri ve limon suyunu damak tadınıza göre ayarlayın.

j) Pancar limonatasını iyice soğuyana kadar buzdolabında saklayın.

k) Bardaklarda buz küpleri üzerinde servis yapın.

l) İsteğe bağlı olarak her bardağı bir dilim limon ve bir tutam taze nane ile süsleyin.

71. Kelebek Bezelye Limonatası

İÇİNDEKİLER:

- 1½ bardak su
- 1 su bardağı pudra şekeri
- ¼ bardak kurutulmuş kelebek bezelye çiçeği
- Limonata

TALİMATLAR:

a) Küçük bir tencerede su ve pudra şekerini kaynatın. 5 dakika kaynatın.

b) Ateşten alın. Kurutulmuş mavi kelebek bezelye çiçeklerini ekleyin ve tamamen soğuması için buzdolabına koyun.

c) Bir bardağa buz ekleyin ve yarısına kadar mavi şurubu dökün. Bardağı dolduracak kadar limonata dökün. Soğuk servis yapın.

72. Lavanta Limonatası

İÇİNDEKİLER:

- 2 bardak su (basit bir şurup yapmak için)
- 1 bardak şeker
- 2 yemek kaşığı kurutulmuş lavanta VEYA 6 taze lavanta çiçeği
- 1 su bardağı taze sıkılmış limon suyu
- 1 bardak soğuk su
- Servis için buz

TALİMATLAR:

a) Basit Lavanta Şurubunu hazırlayarak başlayın. Kısaca 2 bardak su, şeker ve lavantayı bir tencerede birleştirin ve rengi azalıncaya kadar pişirin.

b) Bir sürahide veya iki bardağa eşit olarak bölüştürün, taze sıkılmış limon suyunu, soğuk suyu ve buzu birleştirin.

c) Lavanta basit şurubunu karıştırın. Tatlılığını damak tadınıza göre ayarlayın. Çok ekşiyse daha basit şurup ekleyin; çok tatlıysa ilave limon suyu ve su ekleyin.

d) Derhal servis yapın. Buzun hızla eriyeceğini ve lavantalı limonatanın tadını biraz sulandırabileceğini unutmayın, bu nedenle hemen tadını çıkarın!

73. Gülsuyu Limonatası

İÇİNDEKİLER:

- 1 buçuk su bardağı taze sıkılmış limon suyu
- 1 bardak gül suyu
- 1 su bardağı toz beyaz şeker
- 4-6 bardak su damak tadınıza göre ayarlayın
- Garnitür için limon dilimleri
- Garnitür için gıda sınıfı yenilebilir gül yaprakları
- İsteğe bağlı: Tercihinize göre buz

TALİMATLAR:

a) Geniş bir içecek sebili veya sürahide 1,5 su bardağı taze sıkılmış limon suyunu, gül suyunu (1 su bardağı gül suyu ile 1 su bardağı toz beyaz şeker) ve 4-6 su bardağı suyu karıştırın.

b) Birleştirmek için iyice karıştırın. Servis yapmaya hazır olana kadar buzdolabında saklayın.

c) Dilerseniz limonatanızı limon dilimleri ve ekstra gül yapraklarıyla süsleyebilirsiniz.

d) Gülsuyu Limonatanızı damak zevkinize göre buzlu veya buzsuz olarak servis edin. Eğlence!

74. Lavanta ve Hindistan Cevizli Limonata

İÇİNDEKİLER:
LİMONATA
- 1 buçuk su bardağı taze sıkılmış limon suyu
- 1 ¾ su bardağı şeker
- 8 bardak hindistan cevizi suyu
- 4 bardak su

LAVANTA BASİT ŞURUP
- 2 su bardağı şeker
- 1 ½ bardak su
- 3 yemek kaşığı kurutulmuş lavanta
- İsteğe bağlı olarak birkaç damla mor gıda boyası

TALİMATLAR:
LAVANTA BASİT ŞURUP
a) Orta, kalın dipli bir tencerede şekeri, suyu ve kurutulmuş lavantayı birleştirin.

b) Karışımı yüksek ateşte kaynatın ve 1 dakika kaynatın.

c) Tencereyi ocaktan alın, kapağını kapatın ve lavantanın şurup içinde 20 dakika demlenmesini sağlayın.

d) Lavantayı çıkarmak için şurubu ince gözenekli bir elek ile süzün. İstenirse, limonataya mor bir renk vermek için birkaç damla mor gıda boyası ekleyin.

e) Lavanta şurubunu soğuması için bir kenara koyun. Soğuduktan sonra hava geçirmez bir kaba aktarın ve bir haftaya kadar buzdolabında saklayın.

HİNDİSTAN CEVİZLİ LAVANTA LİMONATA
f) Bir sürahide taze sıkılmış limon suyunu, şekeri, hindistan cevizi suyunu ve suyu birleştirin.

g) Tüm şeker tamamen eriyene kadar kuvvetlice çalkalayın veya karıştırın. Limonatanın havalanmasına yardımcı olacağı için sallama tercih edilir.

h) Lavanta şurubunun yarısını sürahiye dökün ve karıştırın. Lavanta şurubunun miktarını damak tadınıza göre ayarlayın, isteğe göre daha fazla veya daha az ekleyin.

i) Serinletici lavanta aromalı hindistancevizi limonatanızın tadını çıkarın!

75. Taze Leylak Limonata e

İÇİNDEKİLER:

- 7-10 Limon, ayrıca garnitür ve dilimler için ekstra
- 1 $\frac{1}{2}$ su bardağı toz şeker
- 8 $\frac{1}{2}$ su bardağı su
- buz
- 2-3 baş taze leylak çiçeği

TALİMATLAR:

a) Limonlarınızı ikiye bölün ve narenciye sıkacağı kullanarak suyunu sıkın. 1 $\frac{1}{2}$ bardak limon suyu elde etmeniz gerekecek.

b) İnce gözenekli bir elek kullanarak limon suyunun tohumlarını ve posasını çıkarın. Meyve suyunu soğutun.

c) Taze leylak dallarınızı en az 2 saat veya bir gece soğuk suda bekletin.

d) Bir tencerede 1,5 su bardağı şekere 1 su bardağı su ekleyerek şerbetinizi hazırlayın. Şeker tamamen eriyene kadar sürekli karıştırarak kaynama noktasına kadar ısıtın. Isıdan çıkarın ve soğutun.

e) Bir limonu madalyonlar halinde dilimleyin ve sürahinize ekleyin.

f) Sürahiye leylak çiçeklerinizi, limon suyunu, pekmezi ve 7 bardak suyu ekleyin. Birleştirmek için karıştırın.

76. Hibiskus Limonatası

İÇİNDEKİLER:

BASİT ŞURUP İÇİN:
- 1 su bardağı toz şeker
- 2 bardak su
- ½ su bardağı kurutulmuş ebegümeci çiçeği

LİMONATA İÇİN:
- 5 su bardağı soğuk su
- 2 bardak limon suyu
- 1 limon, ince dilimlenmiş
- Buz küpleri
- Süslemek için taze nane

TALİMATLAR:

BASİT ŞURUBUN YAPILIŞI:

a) Orta-yüksek ateşteki küçük bir tencerede şekeri, 2 bardak suyu ve kurutulmuş amber çiçeğini birleştirin.

b) Karışımı kaynatın, şeker tamamen eriyene kadar karıştırın.

c) Ateşten alın ve 10 ila 15 dakika soğumaya bırakın.

d) Şurubu ince gözenekli bir süzgeçten geçirin, lezzetini çıkarmak için bir kaşığın arkasıyla çiçeklere bastırın. Kullanılmış ebegümeci çiçeklerini atın.

LİMONATA HAZIRLANIŞI:

e) 2 litrelik bir sürahide soğuk suyu, limon suyunu ve soğutulmuş ebegümeci şurubunu birleştirin. Karıştırmak için iyice karıştırın.

f) Sürahiye limon dilimleri ekleyin.

g) Uzun bardaklara birkaç buz küpü ve bir limon dilimi koyun.

h) Her bardağı ebegümeci limonata karışımıyla doldurun.

i) Her porsiyonun üzerine bir tutam taze nane ekleyin ve pipetle servis yapın.

77. Fesleğenli Limonata

İÇİNDEKİLER:

- $1\frac{1}{4}$ bardak taze sıkılmış limon suyu, ayrıca garnitür için limon dilimleri
- $\frac{1}{2}$ bardak bal veya agav şurubu
- 1 bardak sıkıca paketlenmiş taze fesleğen yaprağı, ilave garnitür için
- 3 su bardağı soğuk su
- Buz küpleri

TALİMATLAR:

a) Limon suyunu, balı (veya agavı) ve fesleğenleri bir karıştırıcıda birleştirin. Karışım son derece pürüzsüz hale gelinceye kadar karıştırın.

b) Karışımı herhangi bir katı maddeyi çıkarmak için bir sürahiye veya büyük bir kavanoza süzün.

c) Servis yapmaya hazır olana kadar su ekleyin ve buzdolabında saklayın.

d) Limon dilimleri ve taze fesleğen yapraklarıyla süslenmiş buzla servis yapın. Eğlence!

78. Kişnişli limonata

İÇİNDEKİLER:

- 1 ½ su bardağı taze limon suyu
- 1 litre kaynar su
- ½ bardak kişniş, yıkanmış ve doğranmış
- 2 jalapenos, çekirdekleri çıkarılmış ve doğranmış
- Tadımlık bal

TALİMATLAR:

a) Başlamak için jalapenos ve kişnişin üzerine kaynar su dökün.

b) Yaklaşık 4 saat soğumaya bırakın.

c) Tatmak için limon suyu ve bal koyun.

79. Hodan Demlenmiş Limonata

İÇİNDEKİLER:

- 1/4 bardak taze sıkılmış limon suyu
- 2 yemek kaşığı şeker (damak tadınıza göre ayarlayın)
- 4 hodan yaprağı
- 2 bardak su

TALİMATLAR:

a) Tüm malzemeleri bir karıştırıcıya yerleştirin.
b) İyice birleşene kadar yaklaşık 30 saniye karıştırın.
c) Karışımı bol miktarda buzla uzun bir bardağa süzün.
d) Ekstra lezzet ve güzellik için limonatanızı hodan çiçekleriyle süsleyin.

80. Limon Mine Çiçeği Limonatası

İÇİNDEKİLER:
- 2 ½ pound taze ananas, soyulmuş, çekirdeği çıkarılmış ve doğranmış
- 2 su bardağı taze sıkılmış limon suyu
- 1 ½ su bardağı toz şeker
- 40 adet büyük limon mineçiçeği yaprağı
- 4 bardak su

TALİMATLAR:

a) Büyük bir karıştırıcıda doğranmış ananas, limon suyu, şeker ve limon mine çiçeği yapraklarını birleştirin.

b) Kapağı kapatın ve malzemeleri parçalamaya başlamak için karışımı 10 veya 12 kez vurun. Daha sonra karışım pürüzsüz hale gelinceye kadar blenderi çalıştırın. Blenderiniz yeterince büyük değilse gruplar halinde çalışmanız gerekebilir.

c) Harmanlanmış karışımı ince gözenekli bir elekten 2 -litrelik veya daha büyük bir sürahiye süzün. Katıları elekten geçirmek için kaşığın arkasını kullanın. En az 4 bardak sıvı almalısınız.

d) Suyu dökün ve birleştirmek için karıştırın.

e) Ananaslı Limonlu Mine Çiçeği Limonatasını buz küpleriyle dolu bardaklarda servis edin ve ilave bir tazelik ve lezzet dokunuşu için her bardağı limon mine çiçeği dallarıyla süsleyin. Eğlence!

81. Biberiyeli Limonata

(her biri 1 bardak)

İÇİNDEKİLER:

- 2 bardak su
- 2 dal taze biberiye
- $\frac{1}{2}$ bardak şeker
- $\frac{1}{2}$ bardak bal
- 1-$\frac{1}{4}$ bardak taze limon suyu
- 6 su bardağı soğuk su
- Buz küpleri
- İlave limon dilimleri ve taze biberiye dalları (isteğe bağlı)

TALİMATLAR:

a) Küçük bir tencerede 2 bardak suyu kaynatın, ardından biberiye dallarını ekleyin. Isıyı azaltın ve kapağı kapalı olarak 10 dakika pişirin.

b) Biberiye dallarını çıkarın ve atın. Şekeri ve balı tamamen eriyene kadar karıştırın. Bu karışımı sürahiye aktarıp 15 dakika buzdolabında bekletin.

c) Taze limon suyunu ekleyin ve soğuk suyla karıştırın.

d) Biberiyeli limonatayı buz üzerinde servis edin. İstenirse ekstra lezzet ve sunum için limon dilimleri ve taze biberiye dallarıyla süsleyin.

e) Klasik limonatanın enfes bir versiyonu olan ferahlatıcı Biberiye Limonatanızın tadını çıkarın!

82. Limonlu Limonata

İÇİNDEKİLER:
- $1\frac{1}{2}$ su bardağı şeker
- $8\frac{1}{2}$ bardak su, bölünmüş
- 1 tüp Limon Otu Karıştırma Macunu
- 1 su bardağı taze limon suyu
- Buz küpleri

TALİMATLAR:

a) Bir tencerede 1,5 su bardağı şekeri ve 1,5 su bardağı suyu birleştirin. Karışımı orta ateşte ısıtın, şeker tamamen eriyene kadar karıştırın. Bu basit bir şurup oluşturur.

b) Basit şuruba Gourmet Garden™ Limon Otu Karıştırma Macunu ekleyin ve limon otu aromasını katmak için iyice karıştırın.

c) Ayrı bir kapta taze limon suyunu, limon otu ile demlenmiş basit şurubu ve kalan 7 bardak suyu birleştirin. Karışımı iyice karıştırın.

d) Limonlu Limonatayı buzdolabında soğutarak güzel ve soğuk olmasını sağlayın.

e) Servis yaparken Limonlu Limonatayı bardaklardaki buz küplerinin üzerine dökün.

f) Limon otunun enfes lezzetiyle bu eşsiz ve canlandırıcı Limon Otlu Limonatanın tadını çıkarın!

83. Hibiscus Fesleğenli Limonata

İÇİNDEKİLER:

- 2 ons Votka
- 1 ons Taze Limon Suyu
- 1 ons Hibiscus Şurubu
- 3-4 Fesleğen Yaprağı
- Kulüp Sodası
- Buz küpleri
- Garnitür için kurutulmuş limon çarkı ve fesleğen yaprakları

TALİMATLAR:

a) Kokteyl çalkalayıcıda votka, taze limon suyu, ebegümeci şurubu ve fesleğen yapraklarını birleştirin.

b) Fesleğen yapraklarını, lezzetlerini açığa çıkarmak için yavaşça karıştırın.

c) Çalkalayıcıya buz küpleri ekleyin ve karışım iyice soğuyana kadar kuvvetlice çalkalayın.

d) Kokteyli buz küpleriyle dolu bir Collins bardağına süzün.

e) İçeceğinizin üzerine istediğiniz gazlılık seviyesine kadar soda ekleyin.

f) Hibiscus Fesleğenli Limonatanızı kurutulmuş limon çarkı ve birkaç taze fesleğen yaprağı ile süsleyin.

g) Hibiskus, fesleğen ve limon aromalarının enfes birleşiminden oluşan bu canlı ve ferahlatıcı kokteylin tadını çıkarın!

84. Deniz Yosunu Limonatası

İÇİNDEKİLER:

- 5 Limon
- 4 yemek kaşığı deniz yosunu jeli
- 3 Bardak Su
- 1 Bardak Ballı Basit Şurup
- 1 Bardak Deniz Yosunu Suyu

TALİMATLAR:

a) Deniz Yosunu Jeli Yapın
b) Limon suyu ve Deniz Yosunu suyunu karıştırın
c) Deniz Yosunu Jeli Ekleyin
d) Bal basit şurubu ekleyin
e) İyice karıştırın ve tadını çıkarın!

85. Spirulina Lemonası

İÇİNDEKİLER:

- 4 bardak Su
- 4 büyük limon, sıkılmış
- ½ bardak Agave Nektarı
- 1 çay kaşığı E3 Canlı Mavi Spirulina
- 1 tutam Tuz

TALİMATLAR:

a) Limonları yıkayıp ikiye bölün. Bir narenciye sıkacağı veya ellerinizi kullanarak limon suyunu bir kaseye sıkın ve çekirdeklerini çıkarın. Yaklaşık 1 bardak taze limon suyu almalısınız.

b) Agav nektarını limon suyuyla iyice birleşene kadar çırpın.

c) Büyük bir sürahide su, agav/limon suyu, mavi spirulina ve bir tutam tuzu birleştirin. İyice birleşene ve spirulina tozu çözünene kadar karıştırın.

d) Soğutun veya üzerine buz dökün ve tadını çıkarın!

86. Deniz Yosunu Eklenmiş Limonata

İÇİNDEKİLER:

- 1 ons Limon Suyu
- 3 dilim Umami Bitters
- 0,5 ons Seltzer
- 0,5 ons Votka
- 1 su bardağı Şeker
- 1 bardak Sirke
- 1 bardak Su

TALİMATLAR:

a) Deniz Yosunu Çalısını yaparak başlayın. Bir tencerede şekeri, suyu, sirkeyi ve şeker yosununu sıcak fakat kaynamayan bir hale gelinceye kadar ısıtın. 10-15 dakika demlenmeye bırakın. Soğumaya bırakın ve bir bardağa süzün.

b) Deniz Yosunu Çalısını, umami bitterlerini, limon suyunu ve maden suyunu bardağa ekleyin.

c) Tercih ettiğiniz votkadan bir miktar ekleyin.

d) Buz ekleyin, hafifçe karıştırın ve limon çarkıyla süsleyin.

e) Serinletici Deniz Yosunu İçeren Limonatanın tadını çıkarın!

87. Klorellalı Limonata

İÇİNDEKİLER:

- ½ çay kaşığı Chlorella
- 1 organik limonun suyu
- ½ ila 1 çay kaşığı çiğ bal
- Filtrelenmiş kaynak suyu veya maden suyu
- Buz küpleri
- Garnitür için limon dilimleri
- İsteğe bağlı: 1 çay kaşığı taze rendelenmiş zencefil

TALİMATLAR:

a) Bir bardakta Chlorella, taze sıkılmış limon suyu ve ham balı bir çırpma teli veya kaşık kullanarak pürüzsüz bir karışım elde edinceye kadar karıştırın.
b) Bardağa buz küpleri ve limon dilimleri ekleyin.
c) Bardağı dilediğiniz suyla doldurun; ister daha yumuşak bir tat için filtrelenmiş kaynak suyu, ister biraz köpük için maden suyu olsun.
d) İstenirse ekstra bir lezzet katmanı ve sağlık yararları için taze rendelenmiş zencefil ekleyin.
e) Tüm malzemeleri birleştirmek için iyice karıştırın.
f) Bu canlandırıcı ve ultra nemlendirici Klorella Limonatasını yudumlayın ve keyfini çıkarın. Yenilenmiş kalırken enerjinizi ve beslenmenizi artırmanın harika bir yolu!

88. Matcha Yeşil Çay Limonatası

İÇİNDEKİLER:

- 2 bardak sıcak su
- ½ çay kaşığı Epic Matcha yeşil çay tozu
- 1 su bardağı saf şeker kamışı
- ½ su bardağı taze sıkılmış limon suyu
- 1 ½ litre soğuk su

TALİMATLAR:

a) Büyük bir sürahide Matcha yeşil çay tozunu ve şekeri sıcak suda, her ikisi de tamamen eriyene kadar karıştırın.

b) Matcha ve şeker eridikten sonra karışıma taze sıkılmış limon (veya limon) suyunu ekleyin.

c) 1,5 litre soğuk suya dökün ve tüm malzemeleri birleştirmek için iyice karıştırın.

d) Sürahiyi buzdolabına yerleştirin ve Matcha Yeşil Çay Limonatasının (veya Limonatanın) en az 30 dakika soğumasını bekleyin.

e) Yeterince soğuduğunda iyice karıştırın ve servise hazır hale getirin.

f) Serinletici içeceği buz küpleriyle dolu bardaklara dökün ve isterseniz limon veya misket limonu dilimleriyle süsleyin.

g) Ev yapımı Matcha Yeşil Çay Limonatasının veya Limonatanın, turunçgillerin ve matcha'nın dünyevi iyiliğinin enfes bir karışımının tadını çıkarın!

89. Buzlu Kahveli Limonata

İÇİNDEKİLER:
LİMONATA İÇİN:
- ½ bardak taze limon suyu (yaklaşık 3-4 limon)
- ¼ su bardağı toz şeker (damak tadınıza göre ayarlayın)
- ½ su bardağı soğuk su

KAHVE İÇİN:
- 1 fincan demlenmiş kahve, oda sıcaklığına soğutulmuş veya soğutulmuş
- ½ su bardağı süt (istediğiniz sütlü veya sütsüz süt kullanabilirsiniz)
- 1-2 yemek kaşığı şekerli yoğunlaştırılmış süt (tadına göre ayarlayın)
- Buz küpleri

TALİMATLAR:

a) Limonata yaparak başlayın. Bir sürahide taze limon suyu ve toz şekeri birleştirin. Şeker tamamen eriyene kadar iyice karıştırın.

b) Limon karışımına yarım bardak soğuk su ekleyin ve birleştirmek için karıştırın. Gerektiğinde daha fazla şeker veya limon suyu ekleyerek tatlılığı veya ekşiliği tadın ve ayarlayın.

c) Ayrı bir kapta demlediğiniz kahvenizi hazırlayın. Üzerine dökme yöntemini, French press'i veya tercih ettiğiniz herhangi bir kahve yapma yöntemini kullanabilirsiniz. Kahvenin oda sıcaklığına soğumasını bekleyin veya buzdolabında soğutun.

d) Kahve hazır olduğunda ayrı bir sürahiye ekleyin. Tercih ettiğiniz sütü ve tatlandırılmış yoğunlaştırılmış sütü dökün. Birleştirmek için iyice karıştırın. İsterseniz daha fazla şekerli yoğunlaştırılmış süt ekleyerek tatlılığı beğeninize göre ayarlayın.

e) İki bardağı buz küpleriyle doldurun.

f) Hazırlanan kahve karışımını buz küplerinin üzerine dökün ve her bardağı yarıya kadar doldurun.

g) Daha sonra ev yapımı limonatayı her bardaktaki kahve karışımının üzerine dökün ve bardağın geri kalanını doldurun.

h) Tatları birleştirmek için yavaşça karıştırın.

i) İstenirse limon dilimleri veya bir tutam nane ile süsleyin.

j) Serinletici Buzlu Kahveli Limonatanızı hemen servis edin ve kahve ve limonata lezzetlerinin enfes karışımının tadını çıkarın.

k) İsteğe bağlı: Ekstra bir tatlılık ve lezzet katmanı için vanilya veya karamel gibi aromalı şuruplardan bir miktar da ekleyebilirsiniz.

l) Zevk tercihlerinize uyacak şekilde limonata-kahve oranını deneyin. Eğlence!

90. Earl Grey Limonata

İÇİNDEKİLER:

- 4 adet Earl Grey çay poşeti
- 1 su bardağı (236 ml) taze limon suyu
- 3 yemek kaşığı bal (veya tadı)
- Buz küpleri
- Süslemek için limon ve portakal dilimleri
- Süslemek için taze nane yaprakları

TALİMATLAR:

a) Earl Grey çay poşetlerini ısıya dayanıklı bir sürahiye veya sürahiye ekleyerek başlayın.

b) Çay poşetlerinin üzerine 4 bardak kaynar su dökün ve 4-5 dakika demlenmesini bekleyin. Daha sonra çay poşetlerini çıkarın.

c) Çay hala sıcakken balın erimesini ve sıvıyla karışmasını sağlamak için karıştırın. Karışımın oda sıcaklığına soğumasını bekleyin.

d) Çay soğuduktan sonra taze limon suyunu karıştırın. Karışımı tadın ve istenirse daha fazla bal ekleyerek tatlılığını ayarlayın.

e) Bardakları buz küpleriyle doldurun.

f) Earl Grey limonatasını her bardaktaki buzun üzerine dökün.

g) Serinletici içeceğinizi limon ve portakal dilimleriyle süsleyin ve ekstra lezzet ve aroma patlaması için birkaç taze nane yaprağı ekleyin.

h) Bergamotlu çay ve lezzetli limonatanın enfes karışımının tadını çıkarmak için sıcak bir yaz gününde Earl Grey Limonatanızı servis edin.

i) Arkanıza yaslanın, rahatlayın ve bu canlandırıcı içeceğin ekşi, keskin ve lezzetli tatlarının tadını çıkarın.

91. Şeftali Siyah Çaylı Limonata

İÇİNDEKİLER:

- 1 adet olgun orta boy şeftali, kabuğu çıkarılmış
- ½ limon
- 2 bardak siyah çay (veya tercih edilirse yeşil çay)
- 2 yemek kaşığı basit şurup (yukarıdaki talimatlar)
- 1 bardak buz küpleri

TALİMATLAR:

a) Yarım limonun suyunu sıkarak başlayın ve bir kenara koyun.

b) Olgun şeftaliyi parçalara ayırın ve bir karıştırıcıya yerleştirin.

c) Ayrılmış limon suyunu, siyah çayı (veya isterseniz yeşil çayı) ve basit şurubu karıştırıcıya ekleyin. Basit şurup miktarını zevk tercihlerinize göre ayarlayın; Daha tatlı bir içecek tercih ederseniz daha fazlasını ekleyin.

d) Pürüzsüz ve iyi karışmış bir karışım elde edene kadar tüm malzemeleri karıştırın.

e) Harmanlanan karışımı bol buz küpleri veya kırılmış buzla dolu bir sürahiye veya sürahiye süzün.

f) Serinletici ve tatlı-ekşi bir yaz içeceği için ev yapımı Şeftali Siyah Çay Limonatanızı hemen servis edin.

92. Chai Ahududu Limonatası

İÇİNDEKİLER:

- $\frac{3}{4}$ bardak Buz
- 1 ons Limonata Konsantresi, 7+1, çözülmüş
- 1 ons Ahududu Şurubu
- 2 ons Orijinal Chai Tea Latte
- 6 ons Limonlu Limonlu Soda
- 2 adet taze kırmızı ahududu
- 1 dilim Limon, kesilmiş ve dilimlenmiş

TALİMATLAR:

a) Ellerinizi ve tüm taze, ambalajsız ürünleri akan suyun altında yıkayın. İyice boşaltın.
b) 16 onsluk içecek bardağına buz koyun.
c) Limonata konsantresini, ahududu şurubunu, chai çayı konsantresini ve limonlu limonlu sodayı buzun üzerine döküm ve uzun saplı bir bar kaşığıyla iyice karıştırın.
d) Ahududuları şişleyin veya toplayın.
e) Dilimlenmiş limonu yarısına kadar dilimleyin.
f) Dilimlenmiş limon ve ahududu şişini bardağın kenarına yerleştirin.
g) Chai Ahududu Limonatanızın tadını çıkarın!

93. Limonata Kombucha

İÇİNDEKİLER:

- $1\frac{1}{4}$ su bardağı taze sıkılmış limon suyu
- 15 bardak yeşil çay veya oolong kombucha

TALİMATLAR:

a) Her 16 onsluk şişeye 2 yemek kaşığı limon suyu dökün.

b) Bir huni kullanarak şişeleri kombucha ile doldurun ve her darboğazda yaklaşık 1 inçlik kafa alanı bırakın.

c) Şişeleri sıkıca kapatın.

d) Şişeleri 48 saat boyunca fermente etmek için yaklaşık 72°F sıcaklıktaki sıcak bir yere yerleştirin.

e) 1 şişeyi iyice soğuyuncaya kadar 6 saat buzdolabında saklayın.

f) Şişeyi açın ve kombuchanın tadına bakın. Sizi tatmin edecek kadar kabarcıklıysa, fermantasyonu durdurmak için tüm şişeleri soğutun.

g) İstediğiniz köpürme ve tatlılığa ulaştığınızda, fermantasyonu durdurmak için tüm şişeleri soğutun.

h) Hala mevcut olan maya iplikçiklerini çıkarmak ve atmak için servis yapmadan önce süzün.

94. Baharatlı Elmalı Limonata

İÇİNDEKİLER:

- 3 limon
- 1 inçlik zencefil parçası
- 1 avuç taze nane yaprağı
- $\frac{1}{2}$ vanilya çekirdeği
- 2 adet kakule kabuğu
- 1 tarçın çubuğu
- 2 yenibahar meyvesi
- 2 adet yıldız anason kabuğu
- $\frac{1}{2}$ bardak) şeker
- $2\frac{1}{2}$ bardak filtrelenmemiş elma suyu

TALİMATLAR:

a) Limonların suyunu sıkın.
b) Zencefili soyun ve ince ince dilimleyin.
c) Yaprakları naneden çıkarın.
d) Vanilya çubuğunu uzunlamasına kesin ve kakule kabuklarını ezin.
e) Bir tencerede zencefil, limon suyu, nane yaprakları, ezilmiş kakule, tarçın çubuğu, yenibahar meyveleri, yıldız anason kabukları, şeker ve 200 ml (yaklaşık 7 ons) suyu birleştirin. Karışımı ısıtın ancak kaynamamasına dikkat edin.
f) Karışımın tatların birbirine karışması için 15 dakika demlenmesini sağlayın.
g) Katı bileşenleri çıkarmak için demlenmiş karışımı ince bir süzgeçten geçirin. Sıvının soğumasını bekleyin.
h) Sıvı soğuduktan sonra, soğutulmuş filtrelenmemiş elma suyunu ekleyin ve birleştirmek için iyice karıştırın.
i) Baharatlı Elmalı Limonatayı bardaklara döküp servis yapın.

95. Zerdeçallı Limonata

İÇİNDEKİLER:

- 1 zerdeçal kökü soyulmuş ve rendelenmiş
- 2 limonun suyu
- 4 bardak su
- 1 yemek kaşığı veya bal/akçaağaç şurubu tadında
- 1 yemek kaşığı kıyılmış nane yaprağı

TALİMATLAR:

a) Zerdeçal kökünü soyun ve rendeleyin.
b) Küçük bir tencereye 1 su bardağı su ekleyin.
c) Rendelenmiş zerdeçalı ekleyin, orta ateşte kaynatın ve ardından ateşi kapatın.
d) Berrak bir sıvı elde edene kadar süzün ve soğumaya bırakın.
e) Bir sürahide limon suyu, bal ve zerdeçal suyunu birleştirin.
f) Karıştırıp tadına bakın ve gerekirse daha fazla bal veya limon suyu ekleyin.
g) Kıyılmış nane yapraklarını ve buz küplerini ekleyin ve bir kez daha güzelce karıştırın.
h) Zerdeçallı Limonatayı soğuk olarak servis edin.

96. Masala Limonatası

İÇİNDEKİLER:

- 3 Limon, suyu sıkılmış
- 1 su bardağı Şeker
- 4 bardak Su
- $\frac{1}{2}$ inç Zencefil, ezilmiş
- 1 çay kaşığı kimyon tozu
- $\frac{1}{4}$ çay kaşığı Karabiber tozu
- 1 çay kaşığı Siyah Tuz
- Bir avuç Nane Yaprağı
- 1 tutam Yemek sodası (isteğe bağlı)

TALİMATLAR:

a) Bir kasede limonların suyunu sıkın.

b) Limon suyuna şeker, ezilmiş zencefil ve taze nane yapraklarını ekleyin. 1 bardak su ekleyin.

c) Şeker tamamen eriyene kadar her şeyi iyice karıştırın.

d) Herhangi bir posa veya katı parçacığı çıkarmak için suyu filtreleyin.

e) Süzülen meyve suyuna karabiber tozu, kimyon tozu ve karabiber tuzu ekleyin. Her şeyi iyice karıştırın.

f) Karışımı soğutmak için buz küplerini ekleyin.

g) Gazlı limonatayı tercih ederseniz isteğe bağlı olarak bir tutam yemek sodası ekleyebilirsiniz.

h) Bu ferahlatıcı ve lezzetli Masala Limonatasını çay saatlerinizde veya akşam atıştırmalıklarının yanında bardaklarda servis edin. Baharat ve limonun enfes karışımının tadını çıkarın!

97. Chai Baharatlı Limonata

İÇİNDEKİLER:

- 2½ su bardağı su
- ¼ bardak akçaağaç şurubu (veya bal veya agav şurubu)
- 1 yemek kaşığı doğranmış taze zencefil kökü
- 3 adet yeşil kakule kabuğu, kırık
- 4 bütün karanfil
- 1 küçük tarçın çubuğu
- ½ su bardağı taze sıkılmış limon suyu

TALİMATLAR:

a) Orta ateşte orta boy bir tencerede suyu kaynatın. Kapağını açmadan 2 dakika kaynamaya bırakın.

b) Kaynayan suya akçaağaç şurubunu, doğranmış zencefili, kırılmış kakule kabuklarını, karanfilleri ve tarçın çubuğunu ekleyin. İyice karıştırın ve karışımı kaynama noktasına getirin. Ara sıra karıştır.

c) Tencereyi ocaktan alın ve üzerini bir kapakla kapatın. Baharatların demlenmesi için karışımı 20 dakika dinlendirin.

d) Baharatları çıkarmak için demlenmiş sıvıyı birkaç kat tülbent veya ince gözenekli süzgeçten geçirerek büyük bir konserve kavanozuna veya sürahiye süzün.

e) Süzülmüş sıvıyı tamamen soğuyuncaya kadar soğutun.

f) Taze sıkılmış limon suyunu karıştırın.

g) Chai Baharatlı Limonatayı buz üzerinde servis edin. Ekstra ferahlatıcı bir dokunuş için isterseniz bir miktar maden suyu veya alkollü içki ekleyebilirsiniz.

h) Artık limonata 3 güne kadar buzdolabında saklanabilir veya daha uzun süre saklamak için dondurulabilir. Limonatanın bu eşsiz ve lezzetli dokunuşunun tadını çıkarın!

98. Acı Soslu Limonata

İÇİNDEKİLER:

- 1 litrelik soda
- 2 bardak beyaz rom
- 6 onsluk dondurulmuş limonata konsantresi kutusu
- ¼ bardak taze limon suyu
- 1 çay kaşığı acı sos
- Arzuya göre kırılmış buz

TALİMATLAR:

a) Bir sürahide sodayı, beyaz romu, dondurulmuş limonata konsantresini, taze limon suyunu ve acı sosu yavaşça karıştırın.

b) Baharatlı limonata karışımını kırılmış buzla dolu bardaklara dökün.

c) Keyifli ve unutulmaz bir içecek için bu canlandırıcı ve leziz Baharatlı Limonatayı bir sonraki arkadaşlarınız ve ailenizle bir araya geldiğinizde servis edin.

d) Sorumlu bir şekilde tadını çıkarın!

99. Hint Baharatlı Limonata

İÇİNDEKİLER:
BASİT ŞURUP İÇİN:
- 1 su bardağı şeker
- 1 bardak su
- Bir miktar limon suyu (kristalleşmeyi önlemek için)

LİMONATA İÇİN:
- Basit şurup (tatmak için)
- 1 su bardağı taze sıkılmış limon veya limon suyu
- 4 su bardağı soğuk su
- Kavrulmuş ve ezilmiş kimyon tohumu (isteğe bağlı)
- Deniz tuzu pulları (isteğe bağlı, bardağı çerçevelemek için)

garnitürler:
- Taze nane yaprakları (isteğe bağlı)
- Taze limon mineçiçeği yaprakları (isteğe bağlı)
- Taze fesleğen yaprakları (isteğe bağlı)

TALİMATLAR:
BASİT ŞURUBUN YAPILIŞI:
a) Orta-düşük ateşteki bir tencerede 1 su bardağı şekeri ve 1 su bardağı suyu birleştirin.

b) Kristalleşmeyi önlemek için karışıma bir miktar limon suyu ekleyin.

c) Karışımı karıştırın ve şeker tamamen eriyene kadar pişmesine izin verin.

d) Tencereyi ocaktan alın ve basit şurubu soğumaya bırakın.

LİMONATA YAPIMI:
e) Bir sürahide 1 bardak taze sıkılmış limon veya limon suyunu 4 bardak soğuk suyla birleştirin.

f) Tatmak için basit şurubu karıştırın. Daha fazla veya daha az basit şurup ekleyerek tatlılığı tercihinize göre ayarlayın.

SERVİS:

g) İstenirse ekstra lezzet katmak için bardağın kenarını deniz tuzu pullarıyla süsleyebilirsiniz.

h) Nemlendirmek için bardağın kenarına bir dilim limon veya limon sürün.

i) Camın kenarını oluşturmak için nemlendirilmiş kenarı deniz tuzu pullarıyla dolu bir tabağa batırın.

j) Bardağı buz küpleriyle doldurun.

k) Limonata karışımını bardaktaki buz küplerinin üzerine dökün.

l) İsterseniz Hint Baharatlı Limonatanızı taze nane yaprakları, limon mine çiçeği yaprakları veya fesleğen yapraklarıyla süsleyin.

100. Lavanta Limon Damlası

İÇİNDEKİLER:
- 2 ons Lavanta ile aşılanmış Votka
- 1 ons Üçlü Sn
- ½ ons taze limon suyu
- Garnitür için lavanta dalı

LAVANTA İLE ESASLI VODKA:
- ¼ fincan kurutulmuş mutfak lavanta tomurcukları
- 1 bardak votka

TALİMATLAR:
LAVANTA İLE ESASLI VODKA
a) Temiz bir cam kavanozda kurutulmuş lavanta tomurcuklarını ve votkayı birleştirin.

b) Kavanozun ağzını kapatın ve serin ve karanlık bir yerde demlenmesi için yaklaşık 24-48 saat bekletin. İstediğiniz lavanta aromasına ulaştığından emin olmak için ara sıra tadın.

c) Beğeninize göre demlendikten sonra, lavanta tomurcuklarını çıkarmak için votkayı ince gözenekli bir süzgeç veya tülbentten geçirin. Lavanta ile demlenmiş votkayı tekrar temiz bir şişeye veya kavanoza aktarın.

LAVANTA LİMON DAMLA İÇİN:
d) Kokteyl çalkalayıcısını buzla doldurun.

e) Çalkalayıcıya 2 ons Lavanta ile aşılanmış Votka, 1 ons Triple Sec ve ½ ons taze limon suyu ekleyin.

f) İyice soğuyuncaya kadar kuvvetlice çalkalayın.

g) Karışımı soğutulmuş bir martini bardağına süzün.

h) Lavanta Limon Damlanızı bir tutam taze lavanta ile süsleyin.

i) Enfes çiçek ve narenciye notalarıyla Lavanta Limon Damlası kokteylinizin tadını çıkarın!

ÇÖZÜM

"Limon Severlerin Mutfak Arkadaşı" yolculuğumuzu sona erdirirken, limonla tatlandırılmış lezzetlerin taze ve lezzetli dünyasının tadını çıkarmış olduğunuzu umuyoruz. Limonlar, yemekleri sayısız şekilde parlatma ve güzelleştirme konusunda eşsiz bir yeteneğe sahiptir ve siz artık onların mutfak büyüsünden yararlanma konusunda usta oldunuz.

Limondan ilham alan kreasyonları keşfetmeye, yeni tarifler denemeye ve enfes yemeklerinizi aileniz ve arkadaşlarınızla paylaşmaya devam etmenizi öneririz. Hazırladığınız her yemek, limonla yemek pişirmenin keyfinin ve sofraya getirdiği canlı lezzetin bir kanıtıdır.

Bu narenciye mutfak macerasının bir parçası olduğunuz için teşekkür ederiz. Kazandığınız bilgi ve beceriler mutfak yolunuzu aydınlatmaya devam etsin ve yemekleriniz her zaman limonun güneşli doğasıyla dolsun. Mutlu yemek pişirme!

www.ingramcontent.com/pod-product-compliance
Lightning Source LLC
Chambersburg PA
CBHW071308110526
44591CB00010B/821